小红书
AI赋能
实战手册

从创作、运营到商业应用

千思影像
—编著—

化学工业出版社
·北京·

内 容 简 介

本书通过11大专题内容、49个实战操作深入介绍了用AI辅助小红书内容创作的方法，同时还随书赠送了206分钟教学视频讲解+180多个素材效果文件+110组AI提示词，帮助大家从创作小白成为小红书运营高手！

本书是一本专为小红书运营者打造的专业指南，深入剖析了小红书的发展趋势，并系统地介绍了AI技术如何重塑内容创作、人设定位、选题策划、标题撰写、笔记创作、图片与视频生成、内容发布、推广引流、带货以及变现等各个环节。通过AI的赋能，本书旨在帮助读者解决创作效率低下、内容同质化、用户需求把握不准确等痛点，同时提供了一系列AI辅助工具和实战技巧，以提升内容的吸引力和点击率，实现个性化和智能化的内容优化。

本书实用性强，且具有前瞻性，结合丰富的实战案例和深度分析，为小红书运营者提供了一套完整的AI赋能解决方案。无论是寻求内容创新的个人运营者，还是希望提升运营效率的团队，都能在本书中找到答案，做到学以致用、举一反三。

本书适合希望在小红书平台上提升内容创作和品牌运营能力的运营者、品牌运营人员、市场营销专家以及对AI内容创作感兴趣的读者。无论是新手还是有经验的运营者，都能从中获得宝贵的知识和实用的技能。

图书在版编目（CIP）数据

小红书AI赋能实战手册：从创作、运营到商业应用 / 千思影像编著. -- 北京：化学工业出版社，2025. 2.
ISBN 978-7-122-46926-7

Ⅰ. F713.365.2

中国国家版本馆CIP数据核字第2024M9T958号

责任编辑：王婷婷　李　辰　　　　　　封面设计：昇一设计
责任校对：刘　一　　　　　　　　　　装帧设计：盟诺文化

出版发行：化学工业出版社（北京市东城区青年湖南街13号　邮政编码100011）
印　　装：三河市航远印刷有限公司
710mm×1000mm　1/16　印张13¹⁄₂　字数266千字　2025年2月北京第1版第1次印刷

购书咨询：010-64518888　　　　　　售后服务：010-64518899
网　　址：http://www.cip.com.cn

凡购买本书，如有缺损质量问题，本社销售中心负责调换。

定　　价：78.00元

前　言

◎ 写作驱动

在这个信息爆炸的时代，小红书以其独特的社区氛围和内容生态成为一个不可忽视的社交平台。然而，随着平台的日益壮大，运营者们面临着越来越多的挑战：如何在海量内容中脱颖而出？如何持续吸引并保持用户的关注？如何高效地创作出既符合用户需求又具有个性的笔记？本书正是在这样的背景下应运而生，旨在通过AI技术的力量帮助每一位小红书运营者提升创作和运营技能，实现商业变现。

本书的核心是利用人工智能技术帮助每一位小红书运营者更高效、更精准地进行内容创作和品牌运营。通过AI的辅助，运营者们不仅能够提升创作的速度和质量，还能够在内容的策划、制作、发布等各个环节实现个性化和智能化的优化。

通过本书，希望能够帮助每一位小红书运营者掌握AI技术，提升运营效率，打造个性化和高质量的内容，最终实现从运营到变现的华丽转变。让我们一起开启AI赋能小红书的新篇章，迎接AI小红书运营的新时代。

◎ 本书特色

本书不仅详细介绍了使用AI生成小红书内容的技巧与方法，还通过丰富的实例向读者展示了如何使用AI工具创作小红书笔记，并将它们结合起来应用，从而在小红书运营领域中发挥出最大的价值，实现商业变现。本书的特色如下。

（1）AI技术应用：本书深入讲解了AI在小红书内容创作中的多方面应用，从智能写作、图像和视频生成，到SEO优化和数据分析，每一个环节都体现了AI的强大功能。

（2）实战案例分析：通过具体的实战案例，本书展示了AI技术如何助力运营者打造爆款内容，无论是美妆、时尚、旅行还是美食等领域，AI都能提供个性化的解决方案。

（3）痛点解决方案：针对小红书运营中的常见问题，如人设定位、选题策划、标题创作等，本书提供了详细的策略和技巧，帮助读者一一击破。

（4）多领域扩展与变现：书中不仅关注内容创作，还探讨了AI在小红书多领域扩展和变现的可能性，为运营者打开了更广阔的商业视野。

总之，本书不仅是一本全面、系统的AI小红书创作与运营指南，更是一本能够帮助读者从众多运营者中脱颖而出的实战手册。

编者期待通过本书的学习，读者不仅能够掌握AI赋能小红书内容创作的核心技术，更能够轻松地实现商业变现。

◎ 温馨提示

（1）版本更新：本书在编写时是基于当前各种AI工具和网页平台的界面截取实际操作图片，但本书从编辑到出版需要一段时间，这些工具的功能和界面可能会有变动，请读者在阅读时根据书中的思路举一反三进行学习。其中，剪映专业版版本为5.7.0、剪映手机版版本为14.3.0、天工版本为1.7.9、文心一言版本为3.7.0.10、通义版本为3.6.0、Kimi版本为1.4.1、秘塔AI搜索版本为1.0.5、快影手机版版本为V6.58.0.658004。

（2）提示词：也称为提示、文本描述（或描述）、文本指令（或指令）、关键词或"咒语"等。需要注意的是，即使是相同的提示词，AI模型每次生成的文案、图像或视频效果也会有差别，这是模型基于算法与算力得出的新结果，是正常的，所以大家会看到书中的截图与视频有所区别，包括大家用同样的提示词自己再制作时出来的效果也会有差异。

（3）特别提醒：在使用本书进行学习时，读者需要注意实践操作的重要性，只有通过实践操作，才能更好地掌握AI小红书内容创作与商业变现的应用技巧。另外，由于篇幅原因，AI工具回复的内容只展示了要点，对于详细的回复文案，请读者查看随书提供的完整效果文件。

◎ 资源获取

如果读者需要获取书中案例的素材、效果、视频和其他资源，请使用微信"扫一扫"功能按需扫描正文和封底对应的二维码。

◎ 编写人员与售后服务

本书由叶飞编著，参与编写的人员还有毛文静等人，在此表示感谢。由于编者知识水平有限，书中难免有疏漏之处，恳请广大读者批评、指正，沟通和交流请联系微信：2633228153。

目　录

第 1 章

AI与小红书：开启智能时代的新篇章

　　在智能时代的浪潮中，AI与小红书的结合不仅为用户带来了全新的互动体验，也为内容创作与分享提供了无限可能。通过AI技术的应用，小红书能够更精准地理解用户需求，推荐个性化内容，从而开启智能时代的新篇章。本章将带领读者一起探索AI如何助力小红书运营者实现内容的高效创作，共同见证科技与创意的完美融合。

1.1　小红书平台概述与发展趋势

小红书作为一个充满活力的社交电商平台，以其独特的UGC（User Generated Content，用户原创内容）模式为核心，构建了一个集分享、购物与社交于一体的多元化社区。

用户可以在平台上分享自己的生活经验、美食、美妆、旅游等各种领域的点滴，如图1-1所示，并通过图文、短视频等多种形式展示自己的个性和生活方式。同时，用户可以直接在平台上购买大家所分享的商品，形成"种草—拔草"的完美闭环模式。

图 1-1　小红书用户分享的美食点滴

小红书平台的主要功能包括社交和分析，用户可以创建个人账号，关注他人，并通过点赞、评论和分享来互动。小红书平台的购物和推荐功能，让用户在发现和购买商品的同时也能通过参考其他用户发布的评论和推荐做出更明智的购物决策。

另外，笔记和文章功能允许用户分享知识和经验，而搜索和发现功能则根据用户的兴趣和浏览历史提供个性化的内容推荐。

在商业价值与发展趋势方面，小红书平台不断加强与品牌的合作，通过精准营销和推广策略提高品牌知名度和市场影响力。这种合作模式不仅为品牌提供了一个展示自身产品和服务的窗口，也为用户带来了更加丰富和多元化的商品选择。

随着用户对内容质量要求的提高，小红书平台也在持续鼓励运营者发布真实、有价值的内容，并通过AI（Artificial Intelligence，人工智能）算法和人工审核相结合的方式确保内容的质量和真实性。

在功能拓展方面，小红书平台致力于提升用户的购物体验和满意度，通过不断优化和完善平台功能，如加强线上线下融合，为用户提供了更加便捷和个性化的购物体验。这种创新反映了小红书平台对市场趋势的敏锐洞察和快速响应。

小红书平台的用户群体特征也预示着其发展趋势。小红书作为一个用户以年轻女性为主的平台，其用户基数庞大且活跃，这为平台的持续增长和扩张提供了坚实的基础。随着用户需求的不断演变，小红书平台也在不断调整和优化其服务，以满足用户的多元化需求，从而保持其在社交媒体领域的竞争优势。

1.2　AI 如何重塑小红书生态

小红书作为一个深受年轻用户喜爱的社交平台，正经历着由AI引领的生态变革。AI的引入不仅提升了信息检索的准确性和效率，还优化了内容组织和呈现。在创意写作和短视频创作领域，AI辅助更是提高了内容的产出速度和质量。本节将深入探讨AI如何全面重塑小红书的生态，推动其向更智能、更高效的方向发展。

1.2.1　搜索技术新突破：AI重塑信息检索

扫码看教学视频

资料搜索是小红书内容生成的关键步骤，运营者面临着从海量数据中快速、准确地搜集信息的挑战。传统的搜索方式已经无法满足当前的需求，AI技术的应用极大地提升了资料搜索的效率和准确度。

AI使得搜索引擎能够更加准确地理解用户的查询意图，并提供更加精准的搜索结果。例如，秘塔AI搜索利用AI技术，通过自然语言交互，不仅返回相关网页，还能生成创造性的内容，如观点、案例和大纲，如图1-2所示。这种AI搜索服务能够根据用户的需求持续优化检索结果，提供深度和广度兼具的信息。

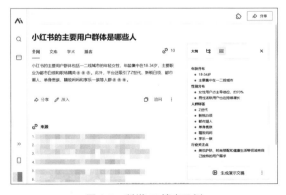

图 1-2　秘塔 AI 搜索示例

当运营者准备撰写关于"小红书的主要用户群体"的笔记时，秘塔AI搜索能够协助搜索相关资料，提炼关键内容和观点，并不断优化搜索结果，从而提高写作的效率和笔记的质量。另外，在秘塔AI搜索的搜索结果中单击"生成演示文稿"按钮，可以将生成的内容直接转换为PPT，如图1-3所示，从而提升工作的效率。

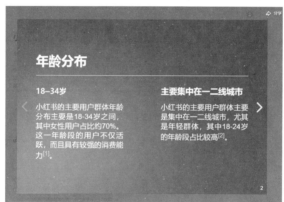

图 1-3　将生成的内容直接转换为 PPT

1.2.2　智能内容架构：AI驱动组织效率提升

对于运营者来说，将大量非结构化的数据转化为有用的信息是一大挑战。AI技术的介入为这一难题提供了解决方案。尤其是在小红书热点类内容的创作中，资料的整理和分析是揭示事件全貌、理解利益关系和挖掘有价值线索的关键步骤。随着AI技术的发展，运营者可以利用各种智能工具来优化这一过程。

AI技术能够帮助运营者通过自动化的方式对资料进行归类、分析和提取关键信息，这不仅提高了工作的效率，还增加了内容的深度、提高了内容的质量。

例如，Kimi作为一款基于AI技术的文案工具，能够帮助运营者更高效地整理和分析资料，从而提升内容创作的质量和效率。Kimi能够根据运营者定义的提示词和语义内容自动分析、筛选并结构化相关的文档和资料，相关操作方法如下。

步骤01 在Kimi底部提示词输入框的右侧单击 ◎ 按钮，如图1-4所示。

图1-4 单击相应按钮

步骤02 执行操作后，弹出"打开"对话框，选择相应的文档，如图1-5所示。

步骤03 单击"打开"按钮，即可上传并分析文档，输入相应的提示词，如图1-6所示。

图1-5 选择相应的文档

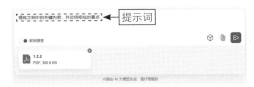

图1-6 输入相应的提示词

步骤04 单击 ▷ 按钮，即可将提示词和文档同时发送给Kimi，并自动分析文档内容，根据提示词要求对内容进行总结，效果如图1-7所示。

图 1-7　自动总结文档（部分内容）

通过Kimi的智能分析功能，运营者可以节省大量的文献资料搜集时间，将精力集中在创意和深度分析上。Kimi的这一功能对于需要处理大量信息的新闻报道、深度文章撰写和小红书热点内容创作尤为重要。

通过Kimi这类强大的AI工具，运营者可以迅速定位到有价值的信息，并从中提炼出核心主题和要点，这不仅加快了小红书内容创作的速度，也提高了内容的准确性、增加了内容的深度。随着AI技术的不断进步，将有更多的智能工具被开发出来，以帮助运营者处理数量日益增长的信息。

1.2.3　创意写作新时代：AI助推创作速度与质量

扫码看教学视频

如今，AI写作工具正成为提升写作效率的重要辅助，不仅加快了笔记的生成速度，还有助于提高内容的质量、增加内容的多样性。

传统的小红书笔记写作是一个耗时且复杂的过程，但AI写作工具的出现正在改变这一局面，这些工具利用NLP（Natural Language Processing，自然语言处理）技术，能够基于预设的语料库和指令自动生成笔记的结构和内容，从而大幅度提升写作效率。

AI写作工具如文心一言，允许运营者输入标题并选择适用的场景模板，如创意写作、灵感策划、功能写作、营销文案等，快速生成笔记大纲和填充内容。这种自动化的写作方式不仅节省了时间，还拓宽了内容创作的边界。

文心一言是百度研发的知识增强大语言模型，能够与人对话互动、回答问题、协助创作，高效便捷地帮助人们获取信息、知识和灵感。例如，使用文心一言可以快速生成一篇短篇小说，具体操作方法如下。

步骤01 进入文心一言主页，默认使用的是文心大模型3.5，在左侧的导航栏中单击"百宝箱"按钮，如图1-8所示。

图 1-8　单击"百宝箱"按钮

步骤02 执行操作后，弹出"一言百宝箱"窗口，切换至"场景"选项卡，单击"创意写作"中的"使用"按钮，如图1-9所示。

图 1-9　单击"使用"按钮

★ 专家提醒 ★

"一言百宝箱"中的各种预设指令模板经过文心一言的精心设计，可以在不同的场景中引导 AI 生成最佳回复内容。

步骤 03 执行操作后，即可将所选的指令模板自动填入提示词输入框中，单击 按钮，如图1-10所示。

图 1-10　单击相应按钮

步骤 04 执行操作后，即可生成相应的笔记内容，具体内容如下。

文心一言

星际边缘的觉醒

一千年后的地球，天空不再是记忆中那片蔚蓝，而是被厚重的云层与淡淡的灰霾所笼罩。资源，这个曾经对人类而言取之不尽、用之不竭的词汇，如今却成了悬在所有人心头的利剑。科学家们夜以继日地工作，在绝望中寻找着一线生机——星际版诺亚方舟，一艘能够带领人类逃离这个即将崩溃的世界的宏伟巨舰。

正当全人类的目光聚焦于这艘希望之舟，期待着它破晓而出，引领大家飞向星辰大海时，一场突如其来的发现如同惊雷般炸响在科研界。在一次深入宇宙边缘的探测任务中，一艘小型探测器意外捕捉到了一段古老而神秘的信号，信号中隐藏着令人震惊的真相：地球，这个孕育了无数生命的蓝色星球，竟是某个未知高等生物精心布置的一颗玩具星球。

消息传回，整个地球陷入了前所未有的震撼与混乱。一部分人感到愤怒与屈辱，他们无法接受自己的文明、历史乃至存在，都只是别人眼中的一场游戏。而另一部分科学家，则陷入了深深的自我怀疑之中。他们开始质疑自己所有努力的意义，是否只是在为这场"游戏"增添几分乐趣？

在这场心灵的风暴中，有一位名叫艾莉的年轻科学家，她曾是星际版诺亚方舟项目的核心成员，对人类的未来充满了无尽的憧憬。但此刻，她的内心却充满了矛盾与挣扎。夜深人静时，她独自站在观测台上，凝视着那片既熟悉又陌生的星空，心中涌动着前所未有的复杂情感。

"我们真的是玩物吗？"艾莉喃喃自语，眼中闪烁着不屈的光芒，"如果是这样，那么我们的抗争，是否还有意义？"

……（略）

除了创作笔记内容外，AI工具还能自动检测并修正语法、拼写和标点错误，提供文本优化和风格调整的建议，从而帮助运营者在写作过程中避免常见的语言错误，并提升笔记的整体质量。

需要注意的是，尽管AI写作工具能够快速生成笔记，但它们生成的笔记的内容可能缺乏人类作家的灵活性和创造性。AI可能难以捕捉到文本的深层含义，有时会产生语法错误或语义歧义。因此，人工的介入和编辑仍然是确保笔记质量的关键所在。

在使用AI写作工具时，运营者需要进行最终的审查和编辑，以确保笔记的准确性和深度。运营者的工作内容从传统的写作转变为编辑和内容策略规划，确保AI生成的内容符合小红书平台的标准和满足用户的需求。

1.2.4　短视频创作新浪潮：AI激发创作潜能

扫码看教学视频

AI短视频创作工具正成为小红书内容创作的重要助力，它在提升创作效率和内容质量方面展现出巨大潜力，通过自动化和智能化的编辑功能极大地提高了视频内容的生成效率。AI短视频创作工具利用先进的算法，能够快速生成视频素材、动画和特效，从而简化了视频制作的复杂性。

例如，剪映是一款被人们广泛使用的影视后期制作软件，提供了自动化的视频编辑功能。剪映可以智能识别视频中的语音并自动生成字幕，减轻了用户的编辑工作量，图1-11所示为剪映的自动生成字幕示例。

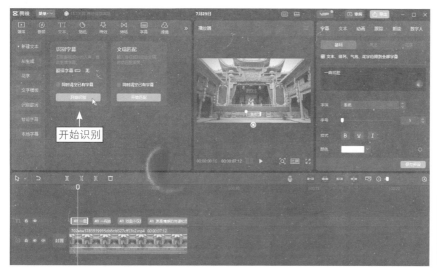

扫码看案例效果

图 1-11　剪映的自动生成字幕示例

尽管AI工具在技术层面取得了进步，但它们在创意和审美上仍然难以匹敌人类的直觉和情感表达。人类的想象力和创造力是AI目前无法完全复制的，这要求运营者在使用AI工具编辑短视频时仍需进行创意思考和个性化的编辑工作。

另外，AI短视频创作工具通常会提供大量的素材和模板，如图1-12所示，但运营者在使用这些资源时需要谨慎处理版权问题。尽管很多工具提供商声称其内容经过筛选和审核，但版权的复杂性要求运营者保持警惕，避免因使用未经授权的素材而引发法律风险。

图 1-12　剪映中的素材库

1.3　AI 技术在小红书内容创作中的应用

在数字化时代，AI技术正以前所未有的速度和方式改变内容创作的生态。AI技术不仅显著地提高了创作效率，还开辟了新的创作路径，为小红书内容注入了新的活力，此外它也为运营者开辟了增收的新渠道。

本节将探讨AI赋能小红书内容创作的5个作用，帮助运营者更好地利用AI技术，激发创意，优化流程，并最终提升作品的质量和流量。

1.3.1　AI赋能写作：智能辅助的文字创作

AI技术在文字创作领域的应用正变得越来越广泛，它不仅提升了写作效率，还为小红书创作带来了新的可能性。AI能够快速生成笔记、新闻报道、评论等文本内容，其质量已经可以与人类运营者相媲美。通过分析和学习大量数据，AI还能够提供定制化的文案，极大地节省了传统写作所需的

扫码看教学视频

时间和精力。

　　AI写作工具能够在短时间内处理和分析大量信息，生成结构化和内容丰富的文本，这种技术的应用使得运营者可以快速获得草稿，之后进行细化和个性化修改。同时，AI可以根据特定的风格、主题或数据集生成笔记，从而满足不同的写作需求，为运营者提供了强大的支持。

　　例如，ChatGPT是一款基于GPT（Generative Pre-Trained，生成式预训练）模型的AI写作工具，能够理解自然语言提示词，并生成连贯、有逻辑性的笔记和故事。ChatGPT的应用不仅限于简单的文本生成，它还能够执行语言翻译、问答和文本摘要等多种任务。使用ChatGPT可以生成小红书风格的美食类笔记，相关案例如下。

提示词

请生成一篇小红书风格的美食类笔记，500字左右

ChatGPT

一顿幸福的早餐：DIY健康美味燕麦杯

大家好！今天要和大家分享一款超简单、超健康的早餐——DIY燕麦杯。这个燕麦杯不仅美味，而且制作过程也超级快，非常适合早晨时间紧张的你哦~

食材准备

-燕麦片：50克

-牛奶或植物奶：200毫升

-酸奶：适量

-蜂蜜：一勺

-各类新鲜水果（草莓、蓝莓、香蕉等）

-坚果（杏仁、核桃、腰果等）

-奇亚籽或亚麻籽：一小勺

步骤一：准备基础

首先，将50克燕麦片放入碗中，加入200毫升的牛奶或植物奶，搅拌均匀。然后，将碗放入冰箱冷藏过夜。这样可以让燕麦片吸收牛奶，变得更加松软可口。

步骤二：添加酸奶

早晨起来后，从冰箱取出燕麦片，再加入适量的酸奶。酸奶不仅能增加口感，还能提供丰富的益生菌，对肠胃健康非常有益哦！

……（略）

随着技术的不断进步，AI写作工具将变得更加智能和个性化，它们将能够更好地理解运营者的意图，生成更符合个人风格的文本，并在小红书笔记写作中发挥更大的作用。

1.3.2 AI革新视频制作：自动化编辑技术

AI技术在视频领域的应用正变得越来越多样化和高效，正在彻底改变视频制作的流程，它能够根据给定的文字或素材自动生成精美的视频作品。AI视频制作工具通过分析视频内容的各种参数和素材，自动完成剪辑、添加特效和音乐等烦琐任务，生成符合运营者要求的短视频。

扫码看教学视频

例如，genmo的文字到视频功能使用了强大的人工智能技术，只需要简单的文字描述就可以生成栩栩如生的视频，相关示例如图1-13所示。

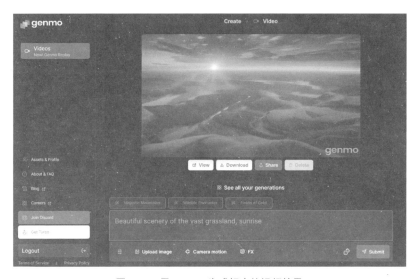

扫码看案例效果

图 1-13 用 genmo 生成相应的视频效果

AI视频工具的自动化特性极大地提高了视频制作的效率，使得运营者可以在短时间内制作出高质量的视频内容，这种效率的提升为小红书运营者节省了大量的时间和资源。

AI技术的应用不仅提高了效率，还拓宽了运营者的想象力和创作空间。AI可以提供创新的编辑建议和视觉效果，激发运营者的创意灵感，帮助他们实现更加复杂和创新性的视频制作理念。

需要注意的是，尽管AI视频工具提供了许多便利，然而在深入理解细腻的人类情感层次与捕捉独特的创意构思方面，它们依然存在着不可忽视的局限性。因此，AI视频工具通常需要与人类的创意指导和后期微调相结合，以确保最终视频作品的质量和情感表达。

随着AI技术的不断进步，未来的AI视频工具将更加智能化和个性化，它们将能够更好地理解运营者的意图，提供更加精准的编辑建议，甚至可能在完全自动化的基础上生成完整的视频故事。

例如，OpenAI公司推出的文生视频模型Sora，借助先进的生成式人工智能技术，不仅能够将文本描述幻化为栩栩如生、充满创意的视频内容，更在细节处理上展现出非凡的创造力，相关示例如图1-14所示。

扫码看案例效果

图 1-14　Sora 生成的 AI 视频效果示例

1.3.3　AI合成艺术：声音制作的新前沿

扫码看教学视频

AI技术在声音合成领域的应用正变得越来越广泛，它能够模拟真实人声并生成逼真的人工语音。同时，AI驱动的声音合成技术正逐渐成为小红书创作的重要工具。通过学习人声样本，AI可以生成与真人无异的语音，这一技术在有声读物、广播电台、视频配音等领域展现出巨大的潜力，为小红书内容创作带来了前所未有的多样化和个性化体验。

例如，使用剪映的"朗读"功能可以自动给视频配音，不仅能够模仿特定人声，而且支持多种语言和方言，同时还能够根据上下文调整语调和情感，生成极具表现力的语音内容，具体操作方法如下。

步骤 01 在剪映中创建一个空白草稿，单击"文本"按钮，在"新建文本"选项卡中单击"默认文本"右下角的"添加到轨道"按钮 ，如图1-15所示。

步骤 02 执行操作后，即可在时间线窗口中添加一个默认文本，如图1-16所示。

图 1-15　单击"添加到轨道"按钮

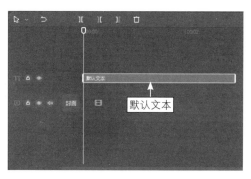

图 1-16　添加一个默认文本

步骤 03 在"文本"操作区的"基础"选项卡中单击文本框右下角的"智能文案"按钮，如图1-17所示。

步骤 04 执行操作后，弹出"智能文案"对话框，输入相应的提示词，如"帮我写一篇旅行周记"，如图1-18所示。

图 1-17　单击"智能文案"按钮

图 1-18　输入相应的提示词

步骤 05 单击 按钮，即可用AI生成相应的口播文案，如图1-19所示。

步骤06 单击"下一个"按钮，即可生成新的文案内容，如图1-20所示。

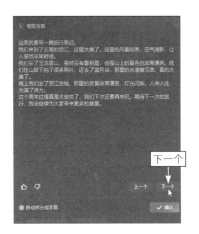

图 1-19　生成相应的口播文案　　　　　　　图 1-20　生成新的文案内容

步骤07 生成满意的口播文案后，单击"确认"按钮，即可自动将文案拆分成字幕。选择默认文本，单击"删除"按钮 □，如图1-21所示，将其删除。

图 1-21　单击"删除"按钮

步骤08 选择文本轨道中的所有文本素材，切换至"朗读"操作区中的"热门"选项卡，选择一种合适的音色，如"温柔姐姐"，如图1-22所示。

步骤09 单击"开始朗读"按钮，即可生成与文案内容对应的语音播报内容，如图1-23所示。

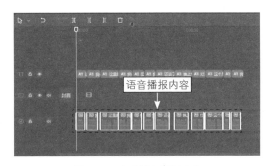

图 1-22　选择一种合适的音色　　　　　　　图 1-23　生成语音播报内容

步骤**10** 选择所有文本素材，单击"删除"按钮 🗑，如图1-24所示，将其删除。

步骤**11** 单击"导出"按钮，弹出"导出"对话框，取消选中"视频导出"复选框，并选中"音频导出"复选框，如图1-25所示，单击"导出"按钮，即可导出AI配音的音频文件。

扫码听效果

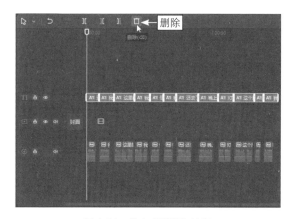

图 1-24　单击"删除"按钮

图 1-25　选中"音频导出"复选框

AI声音合成技术能够根据运营者的需求定制个性化的语音风格，无论是温和的叙述还是激情的演讲，都能够精确模拟。AI声音合成技术的应用使得小红书语音内容的创作变得更加灵活和高效。

尽管AI声音合成技术取得了显著进展，但仍然面临一些挑战，如语音的情感表达和复杂语境的理解。未来，随着技术的不断进步，AI声音合成将更加自然和富有表现力，有望在更多领域得到应用。

1.3.4　AI视觉创作：图像处理技术的飞跃

扫码看教学视频

在小红书平台上，视觉内容对于吸引和保持用户的注意力至关重要，图像处理技术成为提升内容吸引力的关键。AI技术的应用使得图像处理工作更加高效和智能化。AI技术的发展极大地推动了图像处理技术的创新，为运营者提供了强大的工具，以更快、更智能的方式完成图像编辑和增强任务。

AI图像处理工具能够自动化执行多种图像编辑任务，如自动剪裁图片以适应不同的社交媒体格式、去除图像中的水印或不需要的元素、降噪以提高图像清晰度以及应用各种图像美化效果。此外，AI还能够进行智能补光和色彩校正，进一步提升图像的视觉质量。

　　除了基本的图像编辑功能，AI技术还可以实现基于内容的图像分类和推荐，以及通过光学字符识别（Optical Character Recognition，OCR）技术从图像中提取文本信息，从而增强图像的可搜索性。

　　例如，Adobe Photoshop是一款被人们广泛使用的图像处理软件，其集成了Adobe Sensei AI技术，提供了智能的图像处理功能。此外，Adobe Photoshop还能够智能地应用滤镜和调整，使得一键美化成为可能。图1-26所示为替换图像中天空的前后效果对比，使用Adobe Photoshop中的"天空替换"命令，可以将素材图像中的天空自动替换为更迷人的天空，同时保留图像的自然景深，非常适合摄影类小红书运营者使用。

图 1-26　替换图像中天空的前后效果对比

　　总之，AI图像处理技术的发展为小红书运营者提供了强大的技术支持，使他们能够更加专注于创意表达。

1.3.5　AI深度分析：内容分析中的数据洞察

扫码看教学视频

　　在小红书营销领域，数据分析扮演着至关重要的角色。AI技术的应用使得数据分析更加精准和高效，极大地提升了分析的深度与广度，从而为小红书运营者和营销人员提供了深刻的用户洞察。

　　在小红书营销的复杂环境中，深入理解用户的兴趣、喜好和习惯是制定有效营销策略的关键。AI技术的应用为数据分析带来了革命性的变革，使得小红书运营者能够更准确地把握用户需求，从而增强营销活动的针对性和提升效果。

　　AI技术通过自然语言处理、语义分析、情感分析、热点分析和互动分析等手段，能够从大量用户生成的内容中提取有价值的信息。这些分析结果可以帮助小红书运营者了解用户的真实感受和偏好，进而助力运营者精准优化内容创作方向，制定更加贴合用户需求的营销策略，实现内容与市场的无缝对接。

例如，Tableau是一款强大的数据可视化工具，它结合了AI技术，使用户能够通过直观的图表和仪表板快速理解复杂的数据集，相关示例如图1-27所示。Tableau的AI驱动分析功能可以帮助运营者识别数据趋势，预测用户行为，使得数据分析更加精准、营销策略更加有效。

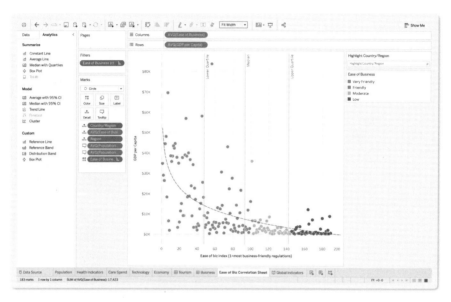

图 1-27　Tableau 仪表板示例

Tableau提供了直观的界面和强大的数据处理能力，使得非技术人员也能轻松完成复杂的数据可视化，从而在小红书内容创作和营销策略中发挥重要作用。

AI在小红书数据分析中扮演着至关重要的角色，它通过高效的数据处理能力和深度学习算法为小红书内容创作和营销策略提供了深刻的洞察力。下面是AI在小红书数据分析中的主要应用场景。

（1）用户行为分析：AI可以分析用户的浏览习惯、点击率和互动行为，帮助小红书运营者了解用户的偏好。

（2）内容优化：通过AI分析，运营者可以优化内容结构，提升笔记、视频等小红书内容的吸引力和参与度。

（3）趋势预测：AI技术能够预测内容流行趋势，指导运营者把握当下热点。

（4）个性化推荐：AI算法可以推荐个性化内容，提高用户满意度和留存率。

（5）效果评估：AI工具可以评估营销活动的效果，提供数据支持，帮助小红书运营者做出更明智的决策。

第 2 章

人设定位：AI辅助打造小红书个人品牌

　　小红书作为一个内容分享和生活方式展示的平台，已经成为众多运营者塑造个人形象、传播价值观的重要阵地。而AI的出现，让这一过程变得更加高效和个性化，它能够根据用户的兴趣和行为提供定制化的内容推荐和创意灵感，帮助运营者在小红书上打造一个有深度、有温度、有影响力的个人品牌。

2.1 了解小红书的目标用户与市场需求

小红书是中国领先的社交电商平台，吸引了数以百万计的用户。了解目标用户和市场需求是制定有效的市场策略与经营决策的关键。本节将通过目标用户特征分析、市场调研方法论、消费者行为洞察，以及需求与供给的匹配策略，带领读者深入探讨小红书的目标用户和市场需求，帮助运营者精准定位人设，打造个人品牌。

2.1.1 目标用户特征分析

扫码看教学视频

小红书作为一个内容分享和生活方式展示的平台，用户数量相当庞大，其目标用户群体具有以下几个鲜明的特征。

（1）用户性别：小红书的女性用户占比接近80%，男性用户占比仅有20%，但男性用户在持续增长。

（2）年龄分布：小红书的用户主要为消费能力强的年轻人，年龄大多分布在18～34岁，他们追求生活品质，并且乐于在平台上分享自己的生活点滴，是小红书平台活跃的主要力量。

（3）地域分布：小红书的用户群体主要集中在经济发达的沿海地区，特别是一二线城市，这些用户购买能力强，为小红书提供了丰富的用户资源。

（4）内容偏好：小红书用户对教育、穿搭、美食、彩妆、影视、家居、旅行以及减肥健身等领域表现出浓厚的兴趣，如图2-1所示。

图 2-1 小红书用户的内容偏好

小红书用户不仅关注产品的品质和效果，还重视内容的真实性和专业性，愿意通过平台了解新品牌和新产品，以及大众对产品的感受和评价。小红书用户对"好口味、好口感、高颜值"等产品特征有很高的期待，品牌可以通过这些特征激发用户的分享与互动意愿，以此提高品牌的平台声望。

2.1.2　市场调研方法论

扫码看教学视频

市场调研方法论是指导市场调研活动的一系列科学原理和规范程序，它涵盖了调研的目的、对象、范围、方法、过程、结果及应用等多个方面。市场调研方法论不仅为调研提供了理论基础和实践指南，还确保了调研的科学性和有效性。

在小红书这一社交电商平台上，市场调研方法论的应用尤为重要，它帮助运营者更精准地理解用户需求，提升市场竞争力，其作用主要体现在以下几个方面。

（1）明确市场需求：通过市场调研，运营者可以了解目标用户的具体需求和偏好，把握市场趋势，为产品开发和内容创作提供方向。例如，通过问卷调查、用户访谈等方式收集用户对某类产品的反馈，进而调整产品策略，满足市场需求。

（2）优化内容策略：小红书作为一个内容驱动的社交平台，优质的内容是吸引用户的关键。市场调研方法论帮助运营者分析用户行为和内容偏好，制定更符合用户兴趣的内容策略。例如，通过分析用户搜索习惯和热门话题，运营者可以创作出更符合用户兴趣的内容，提高用户黏性和活跃度。

（3）评估竞争态势：市场调研还包括对竞争对手的分析，帮助运营者了解竞争对手的优势和劣势，制定差异化的竞争策略。通过SWOT分析等方法，运营者可以明确自身在市场中的定位，制定有效的市场进入或防守策略。

★ 专家提醒 ★

SWOT分析法又称为态势分析法，SWOT分析：优势（Strength）、劣势（Weakness）、机会（Opportunity）以及威胁（Threats），它是把复杂的经济现象分解成许多简单组成部分，分别进行研究的方法。

（4）指导营销决策：市场调研方法论为营销决策提供了科学依据。通过收集和分析市场数据，运营者可以评估不同营销策略的效果，选择最优方案。

2.1.3　消费者行为洞察

消费者行为洞察是指通过数据分析、市场研究和消费者行为观察深入理解影响消费者决策和品牌偏好的根本因素。这一过程不仅涵盖理解消费者需求、捕捉行为模式，还涉及预测市场趋势以及制定有效的营销策略。运营者利用消费者行为洞察可以更准确地满足消费者需求，创造有针对性的产品和服务，并优化市场推广计划，从而提高市场竞争力和品牌忠诚度。

运营者可以利用AI数据分析系统挖掘用户行为数据，包括用户的浏览历史、点赞、评论及分享等行为，进而分析用户的兴趣偏好、购买习惯等。

例如，新红平台可以帮助运营者了解小红书账号的运营情况，分析账号数据，如图2-2所示。

图 2-2　新红平台

另外，小红书的智能推荐算法基于用户的浏览历史、点赞，以及搜索关键词等数据，为用户推荐个性化的内容。运营者可以利用这一算法优化内容策略，确保推送的内容与用户的兴趣高度匹配。

例如，当用户频繁搜索某一类型的产品时，系统可以自动推荐相关的产品测评、使用心得等内容，促进用户的购买决策。

2.1.4　需求与供给的匹配策略

需求与供给的匹配策略是指通过合理的资源配置和市场机制，使产品或服务的供给与消费者的需求保持平衡和一致的策略。在经济学中，供需匹配是确保市场高效运作的关键环节，它要求生产者根据市场需求调整生产计划和产品供应，以满足消费者的多样化需求。

对于运营者来说，制定和完善需求与供给的匹配策略是提高小红书平台运营效率、增强用户黏性和提升商业价值的重要手段。下面是一些具体的策略建议。

（1）深入了解用户需求：通过数据分析工具收集并分析用户的年龄、性别、地域及兴趣偏好等信息，构建精准的用户画像，并深入分析用户在小红书平台上的搜索、点赞等行为，了解用户的真实需求和消费习惯。

（2）优化内容供给：根据用户需求明确内容的定位和风格，确保发布的内容与用户的兴趣偏好相匹配。为了吸引用户注意，运营者可以采用图文、视频、直播等多种形式，提供丰富多样且有价值的内容，提升用户的阅读体验和满意度。

（3）强化社交互动：完善关注、私信、评论等社交功能，方便用户之间的互动和交流。另外，运营者还可以建立社群，鼓励用户加入并分享自己的购物心得，增强用户的活跃度和归属感。

（4）精准投放与推广：通过对竞品的投放内容和效果进行分析，了解市场趋势和用户偏好，为自己的投放策略提供参考，并利用小红书的推荐算法和用户画像数据实现精准投放和推广，提高广告的转化率和效果。

（5）建立合作与协同机制：运营者不仅可以与知名品牌建立合作关系，与供应链上下游企业建立协同机制，还可以与其他社交平台和电商平台建立合作关系，拓展用户群体和增加用户获取渠道。

2.2　自我分析：兴趣、专长与差异化定位

在小红书这片充满机遇的内容海洋中，运营者想要脱颖而出，就必须深入进行自我分析，明确自身的兴趣、专长与差异化定位。本节将引导运营者探索个人兴趣如何与职业发展相辅相成，识别并评估自身的专长，并以此为基础制定差异化定位策略。

2.2.1　个人兴趣与职业发展

对于小红书运营者来说，将自己的个人兴趣与职业发展相融合，是实现职业满足感和成就感的关键。

扫码看教学视频

运营者可以首先深入探索自己的兴趣爱好，了解哪些领域或话题能够真正激发自己的热情和创造力；然后将这些兴趣点与小红书的用户需求和市场趋势相结

合，寻找两者之间的交集；在此基础上，运营者可以制定内容策略，创作与自己兴趣相关的有价值、有吸引力的内容，从而在满足用户需求的同时也实现了个人兴趣的表达和职业发展的提升。

例如，如果对美妆感兴趣，可以选择美妆达人作为人设定位，专门分享美妆心得和推荐好用的化妆产品，如图2-3所示。

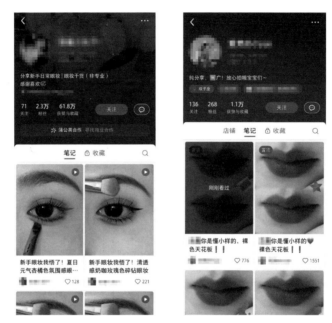

图 2-3 小红书美妆案例

这种融合不仅能让运营者在工作中保持持久的动力，还能帮助他们建立起独特的个人品牌和差异化竞争优势。

2.2.2 专长识别与能力评估

对于运营者来说，在运营一个小红书账号之前，识别专长与评估能力是至关重要的，这有助于运营者更好地进行内容创作，吸引目标用户，并增加粉丝的数量。下面是一些具体的建议，以帮助运营者更好地识别专长与评估能力，做好小红书人设定位。

1. 专长识别

运营者要找准自身专长，需要做好以下几个步骤。

（1）自我反思：运营者需要明确自己的兴趣、技能和经验，思考在哪些领域有深入的了解和独特的见解，这些领域可以是专业知识、生活技能、兴趣爱好等。

（2）市场调研：了解小红书平台上的热门话题和用户需求，通过市场调研来确认自己的专长是否符合市场趋势和用户需求，这有助于运营者确定内容创作的方向，提高内容的吸引力和关注度。

（3）尝试与反馈：初期可以尝试发布一些与自己专长相关的内容，观察用户的反馈和互动情况，然后根据反馈不断调整和优化内容方向，逐渐明确自己的专长领域。

例如，某人对旅游充满热情，他不仅打卡了众多的旅游景点，而且对每个地方的风俗习惯和景点特色都有深入的了解。这种对旅游的热爱和知识积累为他运营小红书账号提供了丰富的素材和灵感。他可以根据自己的兴趣和专业知识，精心撰写并分析热门旅游景点的特色亮点与详尽的游玩指南，如图2-4所示，为计划去旅游的用户提供有价值的参考，同时也为自己的小红书账号积累忠实的粉丝。

图2-4　小红书旅游案例

2. 能力评估

运营者可以从以下4个方面对自己的能力进行评估，以了解自己是否具备独立运营一个账号的能力，还能够明确自己的优势和劣势，扬长避短，弥补不足。

（1）内容创作能力：评估自己在文案编写、摄影、视频剪辑、图形设计等方面的能力，这些能力直接关系到内容的质量和吸引力。如果自己在某方面的能力较弱，可以考虑通过学习或合作来提升。

（2）数据分析能力：小红书运营需要具备一定的数据分析能力，能够监测和分析数据，从中发现不足并进行优化。运营者需要评估自己在数据收集、整理和分析方面的能力，必要时可以学习相关工具和方法。

（3）用户互动能力：良好的用户互动能力对于显著提升用户黏性和活跃度具有积极作用。运营者需要评估自己在回复评论、私信及参与社区讨论等方面的表现，思考如何提升用户的互动体验。

（4）学习能力：自媒体领域变化快速，运营者需要保持持续学习和适应新知识的能力，评估自己的学习动力和适应能力，以便在未来的运营过程中不断提升自己。

2.2.3 差异化定位的策略

扫码看教学视频

对于运营者来说，进行差异化定位是提升小红书账号竞争力、吸引目标用户并实现持续发展的关键。下面是一些具体的差异化定位策略。

1. 明确人设定位

运营者在进行小红书人设定位时需要进一步细化这一过程，确保它既符合个人特质又能精准对接市场需求。

（1）分析自身优势：运营者需要深入剖析自己的技能特长、兴趣爱好以及资源优势，并将其作为人设定位的核心，如美妆专家、时尚达人、旅行摄影师等。

（2）确定目标用户：明确内容将面向哪一类用户群体。小红书的主要用户群体是年轻女性，她们有不同的喜好，如美食、穿搭、宠物等，根据目标用户的特征和需求定制符合其兴趣的内容。

（3）寻找市场缺口：在小红书上，许多热门领域竞争激烈，运营者需要寻找尚未被充分满足的市场需求或细分领域，以此作为差异化定位的突破口。

2. 打造差异化内容

在内容创作上，运营者不仅需要形成自己独特的风格和调性，无论是幽默风趣、温馨感人，还是专业严谨，都要让用户一眼就能识别出你的内容特色；运营者还需要保证内容的原创性和高质量，不断提高自己的创作能力，为用户提供有价值、有深度的内容。

另外，除了图文笔记外，运营者还可以尝试视频、直播等多种内容形式，如图2-5所示，多样化的内容形式可以满足不同用户的喜好和需求，提升吸引力和互动性。

图 2-5　小红书的风景视频内容形式

2.3　设定小红书的人设关键词与标签

关键词和标签不仅定义了你是谁，你关注什么，还帮助用户发现并跳转到你的内容，提升内容的曝光度，实现精准营销。因此，设定好人设关键词与标签无疑是每位运营者不可或缺的必修课。

2.3.1　关键词选择的重要性

小红书的关键词选择是指在小红书平台上，运营者为了提升内容曝光率、吸引目标用户群体并优化搜索排名，而精心挑选的一系列与品牌、产品或内容紧密相关的词汇，它们在小红书的标题、正文、标签等位置被巧妙地布局，以引导用户搜索并发现相关内容。

扫码看教学视频

小红书的关键词可以分为行业词、产品词、长尾词、需求词、痛点词、竞品关键词，以及品牌关键词等多种类型。不同类型的关键词具有不同的特点和作用，运营者需要根据实际情况进行选择和组合。

运营者若想分析所选择关键词的数据，可以使用AI工具辅助分析。例如，新榜的新红平台可以帮助运营者进行关键词对比分析，追踪竞品营销动态，查看与竞品之间全方位的数据对比，相关对比样例如图2-6所示。

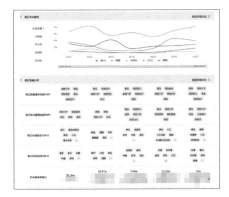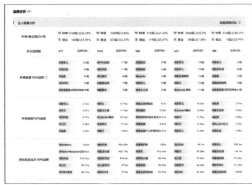

图 2-6　小红书关键词对比样例

对于运营者来说，关键词选择的重要性不言而喻，其主要体现在以下几个方面。

（1）直接影响曝光量和点击率：高质量的关键词能够吸引更多潜在用户的关注，激发用户的点击兴趣，从而提高笔记或广告的曝光机会。

（2）优化搜索排名：关键词的选择和使用直接关系到内容在搜索结果中的排名。通过合理地选择热门且竞争度适中的关键词，并结合SEO（Search Engine Optimization，搜索引擎优化）优化策略，如标题优化、内容布局等，可以提升内容在搜索结果中的排名，从而吸引更多目标用户，实现精准引流。

（3）提高内容的质量和相关性：基于用户需求和兴趣进行考虑，选择明确且能够精准匹配用户需求的关键词，不仅可以帮助运营者更好地聚焦内容主题，还可以大大提升内容的针对性和实用性。

2.3.2　标签系统构建方法

标签系统构建是指创建和管理一个系统化的标签集合，以便对信息进行分类、索引和检索。在小红书平台和内容管理中，标签系统通常用于组织内容、用户行为、产品属性等多种类型的数据，通过为这些数据分配标签可以实现快速分类、搜索和推荐，提高信息的可用性和用户体验。

扫码看教学视频

标签系统构建方法是指为了实现高效、准确的标签系统而采取的一系列步骤、策略和技术的集合。图2-7所示为对标签系统构建方法的概括性分析。

例如，即时设计是一款专注于标签设计和制作的AI工具，不仅支持在线使用，还可以自定义标签尺寸、样式和布局。另外，即时设计还提供了丰富的设计模板和图标资源，运营者可以根据需求进行选择和修改，满足运营者多样化的设计需求，帮助其快速完成标签设计。图2-8所示为即时设计的设计功能与模式。

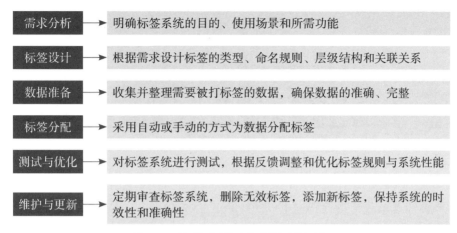

图2-7　对标签系统构建方法的概括性分析

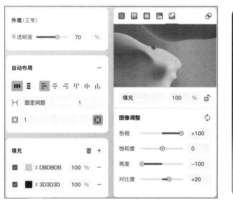

图2-8　即时设计的设计功能与模式

2.3.3　标签的SEO优化

扫码看教学视频

标签的SEO优化是指通过精心选择和优化标签，提高内容在搜索引擎结果页面或特定平台（如小红书）内部搜索中的排名和可见性。这些标签通常与内容的主题、关键词或用户的搜索习惯紧密相关，通过优化，可以使内容更容易被目标用户找到。

对于小红书运营者来说，可以通过以下几个步骤进行标签的SEO优化。

（1）研究关键词和热门标签：使用小红书的搜索功能或参加由官方薯发起的热门活动，研究与自己内容相关的热门关键词和标签。图2-9所示为小红书的热门活动。

图2-9　小红书的热门活动

　　需要注意的是，运营者也可以使用第三方数据分析工具（如灰豚数据、新红数据、百度指数等），来研究关键词和热门标签。

　　（2）选择与内容高度相关的标签：确保所选标签与内容紧密相关，能够准确地描述内容的主题和重点，避免使用与内容不相关或过于宽泛的标签。

　　例如，当计划发一篇"平价租房好物分享"的笔记时，可以选择"租房好物平价""租房党必备"等相关标签，相关示例如图2-10所示。

图2-10　小红书标签的相关示例

　　（3）利用长尾关键词和组合标签：长尾关键词是更具体、搜索量可能较小但转化率较高的关键词，在标签中加入这些词汇，并组合多个相关标签，以覆盖更广泛的用户群体和搜索场景，从而吸引更精准的用户。

　　（4）优化标签的排列顺序：虽然小红书的算法不完全依赖于标签的排列顺序，但将最重要的标签放在前面有助于提升内容的可读性和相关性。

（5）定期更新和优化标签：随着时间和用户兴趣的变化，定期检查和更新标签，确保它们仍然与当前的热门话题和用户需求保持一致，并分析数据反馈，如点击率、互动量等，对表现不佳的标签进行调整或替换。

2.3.4 动态标签管理与更新

扫码看教学视频

在小红书平台上，标签是连接用户与内容的重要桥梁，它们不仅帮助用户快速定位感兴趣的内容，也为运营者提供了内容分类、优化和曝光的工具。因此，有效的标签管理与更新对于提升内容可见性、吸引目标用户群体至关重要。

运营者进行小红书动态标签管理与更新可以围绕以下几个策略展开。

（1）精确选择标签：每次发布内容时都应该仔细选择与内容相关的标签，这些标签应该能够准确反映内容的主题、类别或关键词，以便用户能够轻松找到。

（2）合理组合标签：不同标签之间可能存在关联性，运营者可以通过组合使用相关标签来增强内容的描述能力和搜索匹配度。例如，美妆内容可以组合使用"美妆""护肤""彩妆"等标签。

（3）关注热点标签：定期浏览小红书的热点标签榜，如图2-11所示，了解当前用户关注的热点话题和流行趋势，这些热门标签往往具有较高的曝光率和用户参与度，运营者可以结合自身内容特点进行借势营销。

图2-11 小红书热点标签榜

（4）紧跟趋势更新标签：随着用户需求和小红书平台政策的变化，热门标签也会不断更新，运营者需要保持敏锐的洞察力，及时调整和优化标签策略，以适应新的市场环境。

（5）定期审查标签：定期回顾已发布的内容标签，检查是否存在过时、不准确或无效的标签，对于这类标签，应该及时进行清理或替换。

（6）优化标签组合：根据内容表现和用户反馈不断优化标签组合，通过尝试不同标签的组合方式，找到最能吸引目标用户群体的标签组合。

2.4　运用 AI 优化小红书人设形象

形象作为个人品牌的视觉表达，对于吸引和维系用户极其重要。本节将引导读者学会借助AI技术打造出既独特又吸引人的人设形象，解锁个人品牌的新维度。

2.4.1　AI在形象塑造中的角色

扫码看教学视频

AI在小红书形象塑造中扮演着日益重要的角色，其多功能性和高效性为用户和运营者提供了前所未有的便利和创意空间。下面是AI在小红书形象塑造中的几个主要角色。

（1）高效内容创作工具：AI在内容创作方面同样发挥着巨大作用。例如，AI绘画和AI写作工具能够辅助运营者快速生成高质量的图片和文案，极大地降低了内容创作的门槛。在小红书上，许多虚拟博主和运营者利用AI工具（如即梦），创作出以假乱真的图片，如图2-12所示，吸引了大量用户关注。

图 2-12　即梦生成的图像效果

（2）智能化互动体验提供者：小红书引入了AI聊天助手等智能化功能，可以帮助运营者吸引更多的潜在用户，提升用户的活跃度。图2-13所示为小红书的AI助手"达芬奇"。

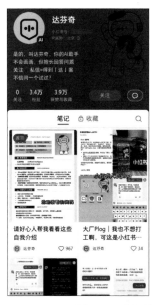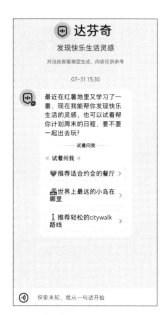

图 2-13　小红书的 AI 助手"达芬奇"

（3）个性化形象设计助手：AI通过算法分析用户的兴趣、偏好和行为数据，能够为运营者提供个性化的形象设计建议。

（4）社交媒体形象优化顾问：AI还能作为社交媒体形象优化顾问，帮助运营者分析自己的账号表现、粉丝画像和互动数据，从而制定更加精准的形象塑造策略。通过AI的分析和建议，运营者可以更好地了解自己的目标用户和市场需求，调整自己的内容方向和风格，以吸引更多的关注和认可。

（5）创意灵感激发者：AI在创意激发方面也展现出了巨大的潜力，通过机器学习和数据分析技术，AI能够分析大量的创意案例和趋势数据，从中发现新的创意点和灵感来源，相关案例如下。

提示词

你是一个科幻小说编辑，现在你正在准备一个科幻剧的剧本，这个剧本的主要内容是地球对外星生命的探索，体现地球人与外星球生命体之间的紧密关系，并且体现出人类顽强的斗志，请你写出这个基本的大致思路，要求故事情节有转折，并且在剧本中体现先进的科技。请给出这个剧本的主要思路和框架

文心一言

> 剧本名称：《星际织梦者》
>
> 主要思路：
>
> 《星际织梦者》是一部融合了探索、友谊、挑战与成长的科幻剧，讲述了地球人类在科技高度发达的未来，首次成功与外星文明建立联系，并通过一系列意想不到的事件，不仅深化了地球与外星生命体之间的紧密关系，还展现了人类面对未知挑战时展现出的顽强斗志与智慧。
>
> 剧本框架：
>
> 第一幕：启程之光
>
> 背景设定：公元2350年，地球科技飞速发展，人类建立了星际探索组织"星际联盟"，旨在寻找宇宙中的其他智慧生命。
>
> ……（略）

2.4.2 AI辅助的视觉效果优化

扫码看教学视频

AI的介入让小红书的视觉效果焕发出前所未有的活力与魅力，不仅帮助运营者提升内容的吸引力和质量，也为用户带来更加沉浸、个性化的视觉享受，具体体现在以下几个方面。

（1）AI绘画功能：利用AI绘画技术可以快速生成符合笔记主题的精美图片，增强内容的视觉效果，这些图片不仅符合小红书的审美标准，还能提升用户的阅读体验。例如，使用剪映的"AI作图"功能可以快速生成高质量的图片，如图2-14所示。

图 2-14　剪映生成的图像效果

（2）图像优化：AI可以帮助运营者快速优化图片质量，包括调整色彩、对比度、清晰度等，使图片更加美观、专业，从而显著提升笔记的吸引力和点击率。例如在使用即梦时，运营者可以通过调节精细度来提高图片的清晰度，原图与效果对比如图2-15所示。

图 2-15 原图与效果对比

（3）内容排版：AI工具通过智能算法和丰富的功能可以进行自动化排版和生成，使得小红书内容创作更加轻松、便捷。例如，135编辑器提供了一键排版功能，如图2-16所示，该功能可以根据运营者输入的笔记内容自动匹配最佳的排版样式和模板，然后一键生成排版后的笔记。

图 2-16 135 编辑器的 AI 排版功能

2.4.3 社交媒体形象的一致性

小红书社交媒体形象的一致性主要指品牌在小红书平台上所展现出的整体形象、风格和价值观在不同时间、不同内容、不同互动环节中保持高度统一和连贯。这种一致性对于建立稳定的品牌形象、增强品牌识别度以及提升用户忠诚度具有重要意义。

AI可以根据用户的活跃时间和行为模式智能地调度内容的发布时间和推荐顺序，这有助于确保用户在不同时间段都能接收到符合其兴趣和需求的内容，从而增强社交媒体形象的一致性。

同时，AI不仅可以通过学习和分析大量已有内容模拟出相似的风格、语言和情感色彩，从而确保新生成的内容与已有内容保持一致，还可以快速审核小红书平台上发布的内容，确保其符合品牌形象和平台规范。

另外，AI通过收集和分析用户的浏览记录、互动行为、偏好等信息构建出用户画像。基于用户画像，AI可以为每个用户提供个性化的内容推荐，这不仅能够提高用户的满意度和参与度，还能够确保用户接收到的内容始终与其兴趣和需求保持一致，从而提升用户的忠诚度。

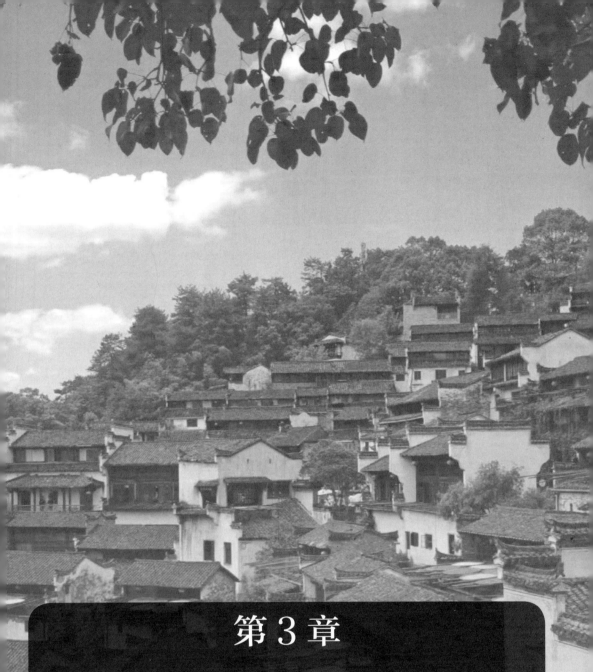

第3章

选题助手：AI助力挖掘小红书热门话题

　　对于运营者来说，选题关系到内容的吸引力、用户的关注度，以及最终的传播效果。因此，一个好的选题可以帮助运营者获得更高的曝光度。在这个创意无限的社交时代，AI成为探索小红书热门话题的得力伙伴。本章介绍一些关于小红书选题的实用技巧，探讨如何利用AI辅助小红书选题，从而使笔记内容快速积累到人气，助力运营者打造热门账号。

3.1 精心策划小红书选题，打造吸睛内容

什么是选题？选题策划的内容是什么？选题策划的步骤是什么？在了解热门选题之前，运营者应先明白选题策划的相关内容，这样才能做出更符合用户预期的选题。本节将带领读者一起了解选题策划的相关情况。

3.1.1 深入理解选题策划的策略

扫码看教学视频

什么是选题？在出版行业，其指的是通过工作人员多次讨论、多方面分析和考量而确定的某个主题的项目。

在小红书运营方面，选题则是为账号内容确定一个核心主题，并且确保发布的所有内容都围绕这一主题展开，不可发布其他内容，否则不利于账号的运营。

例如，确定的选题是旅游攻略，那么账号所发布的全部内容最好都围绕这一主题，保持内容的垂直性和连贯性。

有比喻说，选题是种子，是构建的蓝图，也是出版物编辑工作的基础。对于小红书账号运营来说同样如此，选题也是运营的基础。

如果没有明确的选题，发布的笔记可能会显得杂乱无章，缺乏结构层次和整体计划，这样笔记就很难脱颖而出，吸引更多的用户关注。当然，如果只是纯粹地想要分享自己的生活点滴，没有过多的其他需求，那么这样做也无可厚非。但如果目标是打造爆款内容，吸引更多用户，并希望实现内容的变现，那么不进行选题策划，这些目标就很难实现。

一般来说，按照不同的分类依据，选题有不同的类型，如图3-1所示。

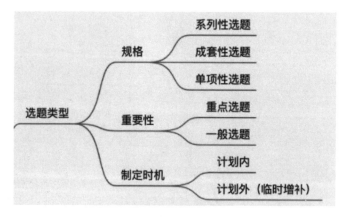

图 3-1 选题的类型

3.1.2 明确选题标准，筛选高质量内容

扫码看教学视频

选题也是需要一定标准的，不是什么样的选题都可以使用，其标准主要有5个方面，具体内容如图3-2所示。

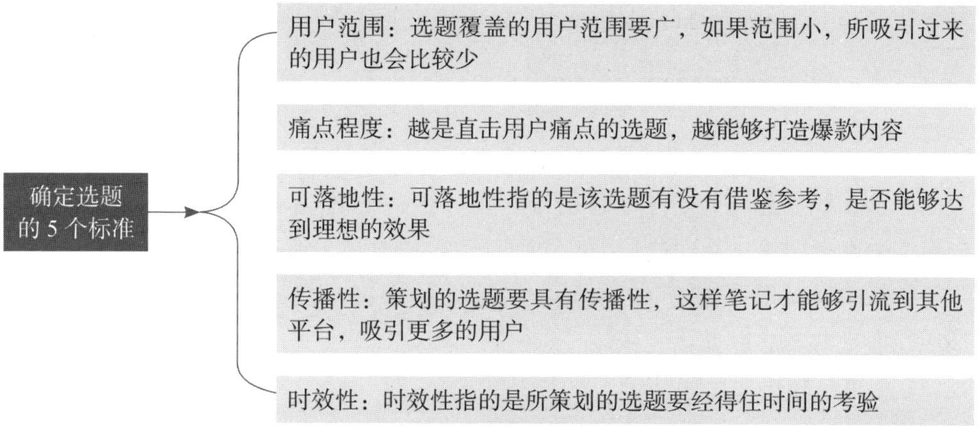

确定选题
的 5 个标准

用户范围：选题覆盖的用户范围要广，如果范围小，所吸引过来的用户也会比较少

痛点程度：越是直击用户痛点的选题，越能够打造爆款内容

可落地性：可落地性指的是该选题有没有借鉴参考，是否能够达到理想的效果

传播性：策划的选题要具有传播性，这样笔记才能够引流到其他平台，吸引更多的用户

时效性：时效性指的是所策划的选题要经得住时间的考验

图 3-2 确定选题的 5 个标准

3.1.3 掌握高效选题方法，激发创意灵感

扫码看教学视频

在进行选题策划之前，需要做好充分的准备工作，这些准备主要集中在明确内容的定位、了解用户的特点以及构建内容生产方式3个方面，具体内容如下。

1.明确内容的定位

一般来说，在做一个账号之前，需要确定这个账号的定位，即确定这个账号生成的内容是哪方面的，面对的用户又是哪些等。了解了内容的定位，在做选题的时候就需要与这个定位相关。例如，做美妆类的内容，但选题却是科技产品类的，这是绝对不行的。账号定位是美妆类，那么选题就必须要围绕美妆。

2.了解用户的特点

在做运营的时候，最需要关注的便是用户，了解用户的特点、痛点、需求、痒点，只有满足了用户的需求，笔记才能够被用户喜欢。

刚开始进行小红书运营时，首先要明确自己的内容定位；然后可以去寻找同领域内比较热门的运营者，分析他们的粉丝最关注的内容点。基于这些发现，可以在自己的内容中融入这些受欢迎的元素，这样做出的笔记就能够吸引更多的用户。

当运营了一段时间，积累了一定的经验和数据后，就可以开始尝试创新，

制作一些新的内容，然后分析相关数据以及用户的画像，最后及时调整自己的内容。

3.构建内容生产方式

内容生产方式有两种，分别是UGC（User Generated Content，用户生成内容）和PGC（Professional Generated Content，专业生产内容）。

3.1.4　积累选题经验，持续优化内容质量

很多运营者总能持续更新笔记，仿佛不会灵感枯竭，这主要是因为他们善于积累选题，有了丰富的选题库，他们在制作内容时就能保持稳定的更新频率，从而避免因断更而导致用户取消关注。

一般来说，积累选题可以从两个方面入手：一是从平台趋势中发掘选题，二是从同类运营者那里寻找灵感。

1.从平台趋势中发掘选题

从平台趋势中发掘选题包括发现页刷笔记、搜索栏找热度、创作灵感找灵感、官方账号蹭话题。下面是对这些方法的具体介绍，可以帮助运营者快速掌握选题的方法。

1）发现页刷笔记

当用户点开小红书软件时，首先映入眼帘的便是发现页，如图3-3所示，因此发现页上的笔记是最容易吸引用户目光，也是最适合积累选题的地方。

一般来说，在发现页刷到某个笔记主要有两个原因：一个原因是大数据算法了解了用户的喜好，并根据用户的喜好进行推荐；另一个原因是关注的运营者或者用户的粉丝之前刷到过，并可能与用户有互动。因此，在发现页可以很好地了解到粉丝或者目标用户的

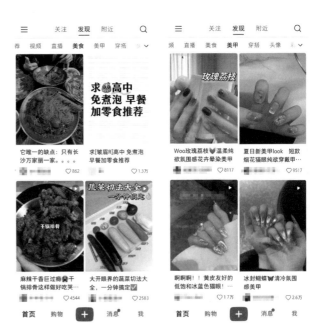

图 3-3　发现页

喜好。

值得注意的是，如果在发现页遇到不喜欢某一类笔记的情况，或者希望平台更多地推荐一些高质量且符合自己的人设定位的笔记时，可以通过在某篇笔记上长按来触发筛选功能，并进行相应的反馈，如图3-4所示。

图3-4　筛选和反馈

2）搜索栏找热度

通过搜索栏可以很好地了解某个话题的热度有没有下降。当想要选择某个话题的时候，可以去搜索栏进行搜索。图3-5所示为在搜索栏中搜索"国风""美甲"这两个关键词的界面。通过在搜索栏中搜索这两个关键词，可以看到搜索栏中会出现很多相关词条，而且会告知这个词条的笔记数量，例如国风有1103万+篇笔记，美甲有1962万+篇笔记。

图3-5　搜索"国风""美甲"这两个关键词的界面

值得注意的是，在搜索页中一般排名越靠前的搜索的人数越多。点开相关的关联词，便可以找到需要细分的话题，如点开国风发型，便可以得到新中式发簪盘发教程、中国风头饰推荐等，如图3-6所示。

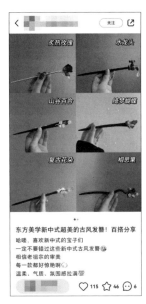

图 3-6　细分话题示例

3）创作灵感找灵感

当运营者没有灵感的时候，可以去小红书平台上"我"的"创作灵感"中找灵感，如图3-7所示，运营者只要点击旁边的"去使用"或"去发布"按钮即可发布相关笔记。

图 3-7　创作灵感

4）官方账号蹭话题

小红书平台上有许多官方账号，有的领域也会有官方账号，例如美妆有美妆薯、穿搭有潮流薯，如图3-8所示。

图 3-8 官方账号

当自己没有选题的时候，可以关注同领域的官方账号，一般这些账号都会发布优秀笔记案例或者一些有奖活动。图3-9所示为家居薯发布的有奖活动。

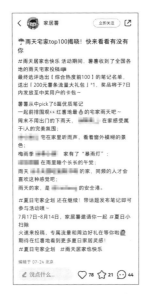
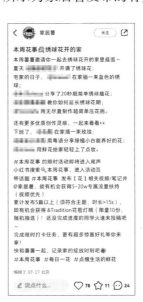

图 3-9 家居薯发布的有奖活动

2. 从同类运营者那里寻找灵感

从同类运营者那里寻找灵感有助于自己提高内容的垂直度，也更容易了解用户的喜好。一般来说，从同类运营者那里寻找灵感包括以下3个方面。

1）参考同类运营者

当运营者不知道策划什么选题的时候，可以找和自己账号的定位差不多的优质运营者。例如，自己的定位是微胖穿搭，那么可以找一些微胖穿搭的运营者，参考他们的内容，他们的笔记往往有很大的参考价值。但是只可以参考，不可以照搬抄袭。通常用组合法和替换法两种方法来找选题。

（1）组合法：组合法指的是将几个同一选题下的题目拆解，然后提取其中的关键词，再进行组合。怎么实施？以练字作为关键词，可以将其组合成各种标题，如图3-10所示；以插画作为关键词，可以组合为"常见的8种插画风格""零基础学插画""自学插画打卡练习Day1"等。

图 3-10　练字标题组合示例

（2）替换法：替换法指的是将一个原有的标题替换使用，例如"这是王维诗里的××吗？"这个句式原是出自一个动画，该部动画的主角主要是为了表达他送的红豆有着特殊的含义，即相思之意，现在很多运营者运用其中的含义来代表自己所创作的东西是特殊的，并据此打造出一个个既贴合内容又充满吸引力的标题，如图3-11所示。

图 3-11　使用热门句式创作的笔记

2）借鉴爆款笔记

借鉴爆款笔记不仅仅是借鉴别人的笔记，也包括自己的。运营者可以在自己的爆款笔记的基础上进行加工创新，制作出一个新的笔记。运营者可以从以下两个方面进行创新。

（1）侧重点：同一个选题，侧重点不同，创作出来的内容也不同。例如同是以下班后可以做的几件小事为选题，一个侧重于如何快速吃上饭，另一个侧重于能做多少事，如图3-12所示。

（2）内容创新：同一个选题也可以进行内容创新，如干货分享类。图3-13所示为内容创新的示例笔记。这两篇笔记都是给大学生的建议，一篇是给大一新生的建议，另一篇则是在原来的基础上进行创新，给所有大学生的建议。

图 3-12　同一选题侧重点不同的示例笔记

图 3-13　内容创新的示例笔记

3）记录热门评论

当运营者发布一些内容的时候，可以在评论区引导大家互动，然后在热门评论中找到大家喜欢的内容，再进行创作，这样便能够吸引大多数人的关注，持续留住自己账号的用户。图3-14所示为记录热门评论的笔记。

图 3-14　记录热门评论的笔记

3.2　小红书选题的注意事项与误区规避

在选择一个选题时，运营者不能盲目跟风，仅仅因为某个话题热门就盲目去做，或是有了某个创意新颖、能够吸引用户的点子就一股脑地投入，这样的做法往往行不通。在选择选题时，运营者需要注意一些关键事项，本节将带领读者一起探讨在构思小红书创意选题时应当注意的相关事项。

3.2.1　优化用户体验，提升内容吸引力

在服务行业通常有一句话，即顾客是上帝，对于小红书运营者来

扫码看教学视频

说，用户也是非常重要的。运营好一个小红书账号的目标之一便是给用户带去良好的观看体验和使用价值，当运营者在运营的时候，一定要提前思考能够给用户带来什么。

例如，以护肤品的笔记为例，运营者可以从两个方面来发布内容：一方面，运营者可以发布一些平价、好用的水乳；另一方面，可以推荐一些专门针对某一问题的水乳，将自己的内容向实用化方向发展，只有有着实用价值的笔记才能够更吸引用户的注意，如图3-15所示。

图 3-15　实用笔记

3.2.2　创新引领潮流，打造独特选题内容

一个爆款笔记或一个大的IP（Intellectual Property，知识产权）一般都有一些共性，如笔记新颖，当然这个新颖不仅仅指的是内容，还

扫码看教学视频

包括了形式。对于新手运营者来说，前期最好是以稳扎稳打为主，有了一定的粉丝基础后再进行创新。

图3-16所示为与众不同的选题示例笔记。《狂飙》电视剧曾一度在网络上爆火，很多运营者都会蹭热度，通过剪辑剧情高光视频或者发表图片分析其中的剧情和人物形象吸引粉丝，但是这个示例笔记的运营者独辟蹊径，制作出种草《孙子兵法》的笔记。

图 3-16　与众不同的选题示例笔记

3.2.3　强化互动性设计，激发用户的参与热情

扫码看教学视频

　　做一个账号，最重要的是用户，有了用户的观看才会有收藏、点赞和评论，所以在输出内容的时候应该以用户为主，选择一些互动性强的题目，这样才能吸引用户来评论，如图3-17所示。

图 3-17　互动性强的选题示例笔记

3.2.4　敏感词规避指南，确保内容安全、合规

扫码看教学视频

有一些运营者发布一个笔记后，不知道为什么自己的数据非常差，评论、点赞的人数都比较少，但是之前发布的笔记的数据都比较好，有可能是因为这个笔记的标题或是内容涉及了一些敏感词。如果一篇笔记中带有敏感词，那么小红书平台便不会给其推流量，因此笔记的播放量、浏览量便会非常低，有可能甚至没有。

运营者在发布内容之前，首先要了解小红书平台中的一些规则，了解有哪些敏感词是不能够使用的，这样在做的时候便可以很好地规避掉这些词汇。

3.2.5　抓住热点时机，快速响应市场变化

扫码看教学视频

热门词汇虽然能够吸引大量的用户关注，但是其背后的竞争异常激烈。当众多运营者纷纷围绕同一热门话题创作笔记时，用户很容易因为内容的重复性而产生审美疲劳，进而使运营者之间的竞争更加白热化。而且，这类热点往往是有时效性的，如果制作内容花费的时间过长，很可能会错过最佳时机，导致笔记得不到应有的关注。

对于一些可以明确预见的热门事件，如中秋节、国庆节等重大节日，以及双十一、双十二等大型购物节，运营者可以提前做好准备，确保内容既符合节日氛围又独具创意，然后在适当的时间发布，如图3-18所示。对于一些突发性的热点，则需要以最快的速度捕捉并传播热点信息，有效防止错失宝贵的热点曝光时机。

图3-18　蹭热点的示例笔记

3.3 用 AI 辅助小红书选题的方法

如何精准地定位选题，让内容脱颖而出，成为每位小红书运营者的心头大事，而AI技术的融入为这一挑战带来了革新性的解决方案。通过AI辅助小红书选题，不仅能够高效地捕捉潮流趋势，还能够深度洞察用户偏好，为内容创作保驾护航。本节将探讨使用AI技术的选题方法让笔记更加贴近用户，赢得流量新高度。

3.3.1 提示词输入与关键词分析

扫码看教学视频

在使用AI辅助小红书选题时，提示词的输入与关键词的分析至关重要。以下是一些具体的方法，可以帮助运营者更有效地使用AI工具来优化选题。

（1）精确输入提示词：在输入提示词时尽量选择精确、具体的词汇，并根据想要撰写的内容主题（如穿搭、美食、旅行等）输入相应的提示词，这有助于AI工具更准确地理解需求，相关案例如下。

提示词

我想写一篇关于穿搭的小红书笔记，我有哪些合适的选题方向可以吸引更多用户观看？

Kimi

在撰写关于穿搭的小红书笔记时，选择合适的选题方向至关重要，这不仅能吸引更多用户的关注，还能提升你的内容质量和影响力。以下是一些合适的选题方向，供你参考：

1. 季节性穿搭指南

根据当前季节或即将来的季节，分享适合该季节的穿搭技巧和搭配建议。例如，"春季清新穿搭大赏""冬日保暖又不失时尚的搭配秘籍"。

2. 场合穿搭攻略

针对不同的社交场合或活动提供专门的穿搭建议。例如，"职场新人必备的正装穿搭""周末休闲出游的舒适搭配"。

3. 身材类型穿搭

分析不同身材类型的优缺点，并给出相应的穿搭建议。这类内容能吸引大量有身材焦虑或想要通过穿搭改善形象的用户。例如，"梨型身材的显瘦穿搭法则""苹果型身材如何穿出好比例"。

……（略）

（2）分析热门关键词：AI工具通常会基于大数据分析提取热门文案和笔记

中的关键信息，运营者可以利用这些分析结果，了解当前用户最感兴趣的话题和趋势。同时可以分析用户搜索习惯和需求，了解哪些关键词的搜索量高，这有助于运营者把握市场热点，选择更具有吸引力的选题。

（3）拓展关键词：AI工具还能根据输入的提示词拓展出与之相关的其他词汇，如图3-19所示，这有助于运营者发现新的选题角度和思路。除了热门关键词外，还可以考虑使用长尾关键词。

图 3-19 AI 工具拓展出与之相关的其他词汇

（4）评估关键词效果：在生成选题后，可以通过观察相关笔记的阅读量、点赞数、评论数等数据来评估关键词的效果，这些数据能够直观地反映选题对用户的吸引力。根据评估结果不断优化关键词的选择和组合，以提高选题的针对性和吸引力。

3.3.2 角色扮演与场景化选题

扫码看教学视频

在使用AI辅助小红书选题时，角色扮演与场景化选题是两种非常有效的方法，可以帮助运营者更精准地定位目标用户，生成符合市场需求的内容。下面是关于这两种方法的详细讲解。

1. 角色扮演

角色扮演是指让AI以特定身份或角色的视角来提供选题思路，这种方法能够确保选题更加贴近目标用户的喜好和需求，同时增加内容的情感共鸣和实用性。让AI进行角色扮演来精确选题的步骤如下。

（1）明确角色设定：确定AI将要扮演的角色，如一名小红书平台的美食博主、数码领域运营者等，并详细描述该角色的基本信息，如目标用户、兴趣爱好、专业技能等。

（2）构建具体场景：根据角色设定构建一系列具体场景，例如美食博主可能面对的烹饪挑战、数码运营者可能需要解答的用户疑问等。

（3）提出需求：通过提问引导AI结合角色设定和具体场景提供选题思路。

（4）评估与调整：根据AI提供的选题思路进行评估，看是否符合目标用户的喜好和需求，再根据评估结果对角色设定或提问方式进行调整，以获得更满意的选题。

2. 场景化选题

场景化选题是指通过构建特定的使用场景来指导AI生成选题，这种方法能够帮助运营者更好地理解目标用户在特定情境下的需求和痛点，从而生成更具针对性的内容。构建一个具体场景，引导AI生成相关选题的步骤如下。

（1）构建目标用户画像：详细描述目标用户的性别、年龄、地域、职业、人生状态、价值观、消费观等特征。

（2）设定使用场景：根据目标用户画像设定一系列可能的使用场景，如社交媒体、娱乐与游戏、学习与阅读等。

（3）分析需求与问题：分析在每个使用场景中目标用户可能会遇到的问题和需求，通过提问引导AI思考这些问题的解决方案，并生成相关的选题。

（4）细化选题：对AI生成的选题进行细化，确保它们既符合目标用户的需求，又具有可操作性和吸引力。

（5）验证与调整：通过市场调研或用户反馈等方式验证选题的可行性和受欢迎程度，再根据验证结果对选题进行调整和优化。

AI能够结合角色设定和具体场景生成更符合目标用户需求的选题，从而为运营者提供选题思路，帮助其提高内容的吸引力和实用性，相关案例如下。

提示词

上班族午餐选择困难、晚餐想快速搞定又想吃得健康。假设你是一名擅长营养搭配、喜欢尝试新菜谱的美食博主，目标用户是年轻上班族。作为一名擅长营养搭配的美食博主，你有哪些选题方向来创作小红书笔记？

文心一言

针对上班族午餐选择困难以及晚餐想快速搞定又想吃得健康的需求，作为一名擅长营养搭配、喜欢尝试新菜谱的美食博主，你可以从以下几个选题方向来创作小红书笔记：

1. "一周午餐不重样"系列

设计一系列营养均衡、制作简单的午餐菜谱，每道菜都能快速完成，同时保证蛋白质、碳水、膳食纤维和维生素的全面摄入。可以每天分享一道菜，形成一周的午餐搭配方案，解决上班族午餐选择困难的问题。

2. "5分钟快速晚餐"系列

专注于分享那些能在极短时间内完成的晚餐菜谱，例如利用微波炉、空气炸锅或简单炒煮就能完成的菜肴，强调食材的新鲜与营养搭配，让上班族在忙碌的工作后也能轻松享用健康晚餐。

……（略）

3.3.3　系列化选题

扫码看教学视频

AI小红书系列化选题是指利用AI技术或工具来规划、生成和优化一系列相关联、有逻辑顺序的小红书笔记主题。这些主题围绕一个核心思想、主题或品牌信息展开，旨在通过一系列相互关联的内容来吸引、保持并增加用户的兴趣和参与度。具体来说，AI小红书系列化选题可能涉及以下几个关键步骤。

（1）核心主题的确定：基于市场研究、用户需求和品牌定位，确定一个核心主题或故事线。这个主题可能是某个生活方式、时尚潮流、健康饮食、旅行探险等领域的一个方面。

（2）AI辅助选题生成：利用AI技术或工具（如自然语言处理算法、内容生成器或市场调研平台）输入核心主题，生成一系列与之相关的子话题或细分选题。这些选题可以是问题解答、技巧分享、产品评测、趋势分析等形式，它们之间相互关联，共同构成一个完整的内容体系。

（3）内容规划与排序：在AI生成的选题的基础上，根据内容的相关性、重要性和目标用户的兴趣点对这些选题进行排序和规划，制定一个有条理的内容发布计划，确保系列化内容能够按照逻辑顺序和时间节奏持续推出。

（4）内容创作与优化：结合AI生成的选题框架和个人专业知识、创意进行具体的内容创作，在创作过程中可以根据AI工具提供的标题建议、关键词推荐等优化内容，提升其吸引力和可读性。

（5）数据驱动调整：通过小红书平台提供的数据分析工具监测系列化选题笔记的表现情况，如曝光量、阅读量、点赞数、评论数等关键指标。根据数据分析结果对后续的选题方向和内容进行迭代和优化，以确保系列化选题始终贴近用户需求和市场趋势。

AI小红书系列化选题的优势在于能够借助AI的力量快速生成高质量、有逻辑的选题，同时减轻运营者的工作量，提高内容创作的效率和一致性。另外，系列化选题还有助于构建品牌形象、增强用户黏性，并在小红书平台上形成持续的影响力。

3.3.4 多样化选题

AI小红书多样化选题是指利用AI技术或工具在小红书平台上生成多种类型、多种风格、多种角度的选题，以满足不同用户群体的需求和兴趣。这种多样化选题策略旨在提升内容创作的丰富性和吸引力，从而增加笔记的曝光率、阅读量和互动量。

具体来说，AI小红书多样化选题可能包括以下几个方面。

（1）内容类型多样化：利用AI技术生成包括教程、评测、分享、问答、故事、挑战等多种类型的内容选题，这些不同类型的选题可以满足用户对于不同形式内容的需求，增加内容的多样性和趣味性。

（2）话题领域多样化：覆盖时尚、美妆、美食、旅行、家居、教育、科技等多个领域的话题。通过AI技术分析不同领域的热门趋势和用户需求，生成与之相关的多样化选题，从而吸引更广泛的用户群体。

（3）风格与角度多样化：在同一领域内也可以生成不同风格和角度的选题。例如，在美妆领域，可以既有关于日常妆容的分享，也有关于专业化妆技巧的教学；在旅行领域，可以既有攻略性质的笔记，也有情感分享类的游记。这种多样化的风格和角度可以满足不同用户的偏好和需求。

（4）目标用户定位多样化：AI技术还可以帮助运营者进行目标用户分析，根据用户的年龄、性别、地域、兴趣等特征生成针对不同目标用户群体的多样化选题，这样可以更加精准地推送内容，提高用户的黏性和参与度。

（5）结合时事热点与节日活动：AI技术可以实时分析网络上的热门话题和节日活动，生成与之相关的多样化选题，这些选题往往具有较高的关注度和讨论度，可以吸引更多用户的关注和参与。

（6）个性化推荐：基于用户的浏览历史和互动行为，AI技术可以为用户推荐个性化的选题。这种个性化的推荐可以提高用户的满意度和忠诚度，同时也有助于运营者发现潜在的用户群体和创作方向。

为了实现AI小红书多样化选题，运营者可以借助各种AI工具，如文心一言、Kimi、通义等，这些工具可以帮助运营者快速生成大量选题，同时提供优化建议，从而提高内容的创作效率和质量。

总的来说，AI小红书多样化选题是一种高效、智能的内容创作策略，它可以帮助运营者在小红书平台上生成丰富多样的内容，满足不同用户群体的需求和兴趣，从而提升笔记的曝光率、阅读量和互动量。

第4章

爆款标题：AI辅助提高小红书内容的点击率

标题之于内容，相当于服装之于人的形象，都是起到给人留下第一印象的作用，一个精心设计的标题能够瞬间抓住用户的注意力。因此，如果运营者想要通过标题迅速吸引用户的眼球，则可以好好打造小红书内容的标题。而今，借助AI生成标题已成为一种高效且创新的选择。本章将重点探讨如何利用AI打造爆款标题，帮助运营者提高小红书内容的点击率。

4.1 小红书标题文案的提示词运用技巧

使用AI工具生成小红书标题文案需要运营者给出相应的提示词，给予AI一定的提示，越是清晰、具体的提示词，越能够获得所期待的答案。本节将为读者介绍一些提示词的原则、编写技巧、拆解模板和注意事项，帮助运营者建立一个小红书标题文案的提示词知识体系。

4.1.1 核心法则：提示词的编写原则

AI是基于深度算法的对话聊天模型，通过处理输入的文本（如用户的问题或陈述），然后使用复杂的算法来生成适当的响应。运营者若想获得有效的回复，需要与其建立清晰、交互的沟通，通过AI获得小红书标题文案也是如此。运营者在要求AI生成标题文案之前，可以先了解一些能够使AI理解的提示词编写原则，具体介绍如下。

扫码看教学视频

1. 语言明晰原则

语言明晰是人与人之间建立沟通与联系的第一要义，在与AI沟通的时候也一样，应该准确地表达词意、句意和语意，避免使用一些模棱两可或有歧义的语言。下面通过案例对语言明晰原则进行说明。

提示词

请提供5个小红书风格的标题文案

Kimi

1.春日限定！这抹温柔奶茶色美甲，让你的指尖也开花~

2.改造大作战！旧衣新穿，一衣多穿秘籍大公开，秒变时尚Icon！

3.烘焙小白也能做！超详细零失败蛋糕教程，甜蜜满屋的幸福感来袭！

4.种草机来了！这款平价口红，色号美到犯规，学生党也能轻松拥有！

5.家居小改造，大不同！巧用软装搭配，让你的小屋秒变ins风网红打卡地！

在上面的案例中，提示词"小红书风格"准确地传达了想要获取的文案类型，即符合小红书平台特色和用户喜好的标题文案；"标题文案"这个词直接明了地说明了所要的是用于标题的文案，而非其他类型的文案（如正文、广告词等）。

2. 简明扼要原则

这里所说的简明扼要原则一方面是指用语简洁，但不限于字数的要求，能够让AI理解并给予回应即可；另一方面是指简单的提示，尽量不要使用符号或切线，确保AI能够准确地理解提示词，下面是相关的案例。

提示词

请为主题为"美丽长沙"的小红书笔记提供5个标题文案的参考

Kimi

1.长沙之美，不止橘子洲头：探索星城的五大秘境

2.长沙印象：穿梭历史与现代的完美融合

3.湘江边的诗情画意：长沙，一座你不能错过的城市

4.从岳麓山到火宫殿，长沙的韵味等你发现

5.长沙，一座有故事的城市：历史、美食与自然风光的交响曲

3. 关联需求原则

AI虽然能够进行连续性的回复，但其生成的答案仍然属于直线式的思考，即一个提问对应一个答案。因此，在编写提示词时需要注意紧扣自己的需求，尽量不要引入不相关的话题，以免分散AI的注意力。下面是一个体现关联需求原则的提示词提问的相关案例。

提示词

请为小红书美食视频写几个用于宣传的标题文案，字数均等，像"好吃，快做起来"这种太直接的表达不行

Kimi

为小红书美食视频创作吸引眼球的标题文案，既要保持创意又要简洁明了。这里为你准备了几个选项，每个都试图捕捉食材的鲜美和烹饪的趣味，同时避免了过于直接的表达：

1.秘制酱汁，解锁烤鸡新风味！秘籍在此！

2.一锅暖心，番茄炖牛腩的秘密武器！

3.五分钟快手菜，青椒炒蛋的色彩艺术！

4.素食者的福音，蘑菇意面的醇厚诱惑！

5.夏日清爽，西瓜沙拉的甜蜜交响！

6.香脆可口，自制薯条的黄金法则！

7.海的味道，鲜虾炒饭的海洋风情！

8. 甜品新宠，抹茶红豆冰淇淋的双重奏！

9. 早餐升级，全麦吐司的创意变身！

10. 深夜食堂，韩式泡菜炒饭的辣味诱惑！

这些标题试图结合食材的特点、烹饪技巧和美食的视觉效果来吸引观众的注意，激发他们尝试制作的兴趣。

4.1.2　创意手法：提示词的编写技巧

扫码看教学视频

掌握提示词的编写原则可以让大家对小红书标题文案的提示词有一个定位，接下来通过下面的内容掌握编写提示词的技巧。

1. 明确目的

在向AI提问之前或者编写提示词之前，需要先明确自己的目的是什么，清楚地知道自己想要AI提供什么，是提供咨询、寻求解决方法还是随意交谈？如果想让AI提供小红书标题文案，那么"提供小红书标题文案"则是编写提示词的目的。

2. 具体描述

在明确了目的之后，可以围绕目的进行具体的语言描述，以确保AI能够理解并给予回应。例如，在明确了目的是让AI"提供小红书标题文案"之后，再添加具体的描述为"给我6个有关摄影领域的小红书短视频标题文案"，在AI中输入得到的回复，具体内容如下。

提示词

给我6个有关摄影领域的小红书短视频标题文案

通义

当然可以！为了让你的短视频在小红书上更吸引人，这里有一些创意且具有吸引力的标题文案建议：

1.【摄影小白也能拍大片】5分钟学会用手机拍出专业级照片！

2.【夕阳下的秘密】教你捕捉最美黄昏光线，让照片瞬间高级感满满！

3.【行走的风景】街头摄影技巧大公开，记录生活中的每一个美好瞬间！

4.【自然之眼】如何在大自然中寻找最佳构图？新手也能轻松掌握的秘籍！

5.【色彩的力量】色彩搭配指南，让你的照片色彩丰富又和谐！

6.【夜幕下的魔法】夜晚摄影不求人，三步打造梦幻夜景照片！

这些标题旨在激发观众的好奇心和学习欲望。希望这能帮到你！如果需要针对特定类型的摄影或更具体的建议，请随时告诉我。

3. 善于引导

在与AI对话时，对于有意义的话题，可以适当引导、鼓励AI提供更深入的信息或深入研究某个主题。下面是两个相应的AI文案案例。

 提示词

提供5个小红书风格的服装类直播带货的标题文案的建议

通义

1. 今晚不睡，抢轻奢极简风女装！
2. 爆款大放价，优惠不可错过！速来围观！
3. 95后小姐姐带你领略潮牌短袖的魅力！
4. 限时限量！今天不买，后悔一年！
5. 轻松穿搭，时尚随心——你的专属定制！

提示词

我觉得你说的"爆款大放价，优惠不可错过！速来围观！"这个标题不错，可以再列举一些类似的吗？

通义

1. 限时抢购！爆款服装大放价，错过等一年！
2. 全场五折起，速来抢购！最新款服装等你来挑！
3. 直播特惠，爆款服装限时秒杀，数量有限！
4. 时尚尖端，爆款服装直播专供，错过再无！
5. 爆款大放价，优惠不可错过！速来围观！
6. 速来围观！全场低至五折，爆款好货不容错过！

4. 把握对话方向

在与AI对话的过程中需要把控对话的方向，根据对话的内容进行实时调整，以保证对话不偏离主题。如果对话偏离主题，可以通过增加提示词或重新提问将对话引导至正轨上，可以多用一些引导句式，如"那么……怎么做呢？""具体是什么呢？"等，相关的AI标题文案案例如下。

提示词

打造小红书标题文案有什么技巧吗？

通义

打造小红书标题文案有几个关键的技巧可以帮助你吸引更多的注意力和点击率：

1. 吸引眼球的提示词：使用具有吸引力和情感共鸣的提示词，例如"秘诀""必看""爆款""新发现"等，能够引起读者的好奇心和兴趣。

2. 情感化表达：运用情感化的语言，如温馨、幽默、感动或者挑战性的词汇，能够增加标题的吸引力。例如，"让你心动的×××""最实用的×××技巧"等。

3. 数字和数据：如果内容允许，可以在标题中加入数字和数据，如"5个小众×××推荐""10分钟学会×××"的形式，能够给读者一种实用和清晰的感觉。

4. 问题式标题：提出一个问题式的标题，让读者在看到标题时就想了解答案。例如，"你知道的×××都错了吗？""如何在×××时节保持×××？"

5. 独特性和个性化：尽量避免使用过于普通和平庸的词汇，选择能够突显个性和独特性的表达方式，能够让标题在众多内容中脱颖而出。

6. 简洁明了：标题尽可能简洁明了，不要太长，能够一目了然地传达出内容的核心和吸引点。

7. 使用符号和表情：适当使用符号和表情能够增加标题的视觉吸引力和情感表达，但是注意不要过度使用，以免显得幼稚或不专业。

综合运用这些技巧，可以帮助你打造出更具吸引力、效果更好的小红书标题文案。

提示词

如果要使小红书标题文案更加独特和个性化，具体怎么做呢？

通义

要使小红书标题文案更加独特和个性化，可以考虑以下几个具体的方法和策略：

1. 运用个人化语言：使用自己的独特语言风格和表达方式来撰写标题，可以包括你的个人经历、感受或者对某个主题的独特见解。

2. 结合本地化元素：如果能够结合本地的文化、习俗或者地域特色，可以使标题更加具有地方特色和个性化。

3. 引用个人故事或经历：将个人的真实故事或者经历融入标题中，能够增加读者的共鸣和兴趣。例如，"我亲身经历的×××教训"。

4. 采用非传统或创意的表达方式：尝试使用比较不寻常或者富有创意的语言和表达方式，例如诗歌风格、对话形式等，能够让标题更加引人注目和独特。

5. 与读者建立情感联系：通过表达真实的情感或者情绪，与读者建立起更加亲近和真实的联系。例如，"我为×××感到心疼"。

6. 使用特定行业术语或流行语：如果内容与特定行业或领域相关，可以运用行业术语或者流行语来增加标题的专业性和独特性。

7. 增加意想不到的元素：在标题中加入一些意想不到的元素或者反转，能够让标题更加引人注意和记忆深刻。

综合运用这些方法，可以使小红书标题文案更加独特、个性化，从而提高吸引力和读者的点击率，重要的是要保持真实和与内容的相关性，避免过度夸张或不实际的描述。

5. 注意语气

为确保沟通顺利进行，在与AI对话时应使用专业性、尊重性的语气，尽量不要使用过于随意或带有冒犯性的语言和语气。

4.1.3 爆款标题：拆解的提问模板

扫码看教学视频

标题，作为吸引观众眼球的第一印象，其重要性不言而喻。一个好的小红书爆款标题通常具有吸引力、明确性、互动性以及针对性。

1. 分析标题类型

小红书的爆款标题往往属于以下几种类型之一。

（1）互动型：如"你真的会×××吗""你觉得×××怎么样"等，通过提问引发用户思考和互动。

（2）身份代入型：如"学生党必看""宝妈必备"等，通过身份标签吸引特定的用户群体。

（3）数字冲击型：如"10个让你变美的秘诀""5分钟学会×××"等，用具体的数字吸引用户的注意。

（4）悬念型：如"揭秘×××背后的真相""×××竟然是这样？"等，通过留悬念激发用户的好奇心。

（5）情绪化表达型：如"惊呆了！×××竟然能这样用！""太实用了！×××让我省了×××元"等，通过情绪化的语言引起用户的共鸣。

2. 拆解标题结构

拆解标题结构需要重点关注下面几点。

（1）主题词：明确笔记的主题或核心内容。

（2）亮点词：突出笔记的亮点或特色，如"超值""必看""揭秘"等。

（3）数字或量词：增加标题的冲击力和具体性。

（4）疑问或反问：引发用户的思考和互动。

3. 分析标题用词

确保标题中包含与笔记内容相关的关键词，提高搜索曝光率，并使用口语化的语言，让标题更加亲切和易于理解。另外，还可以适当加入情感词，如"惊艳""超赞"等，增强标题的感染力。

4. 评估标题效果

运营者可以从以下3个方面评估标题的效果。

（1）吸引力评估：判断标题是否能够从众多笔记中脱颖而出，吸引用户点击。

（2）互动性评估：分析标题是否能够激发用户的评论和互动欲望。

（3）转化率评估：结合笔记的实际阅读量和互动数据，评估标题对笔记转化率的贡献。

下面通过具体的案例介绍如何利用AI拆解爆款标题，助力运营者打造出能够激发用户好奇心、引导用户思考的标题。

首先，确保AI理解要拆解的标题类型。

提示词

请明确"不是！现在的女生都这么勇啦！"这个标题的类型

文心一言

标题"不是！现在的女生都这么勇啦！"可以归类为情绪化表达型与反转惊讶型的混合。这个标题通过"不是！"这一反问或惊讶的开头迅速引起读者的注意，并带有一种出乎意料的情绪色彩。接着，"现在的女生都这么勇啦！"则是一种情绪化的赞扬或惊讶表达，强调了现代女生的勇敢特质。

这种类型的标题往往能够激发读者的好奇心和情感共鸣，引导他们进一步阅读内容，以了解为何会有这样的评价。同时，它也带有一定的社交话题性，容易引发读者之间的讨论和分享。

然后，让AI提出标题的修改意见，并分点式给出答案。

提示词

根据上述分析，请你判断这个标题的亮点和不足在哪里

文心一言

根据上述分析，标题"不是！现在的女生都这么勇啦！"的亮点和不足可以分别归纳如下：

亮点：

情感共鸣强：标题通过情绪化的表达，迅速与读者建立情感联系，激发读者的共鸣和好奇心。这种情感共鸣能够促使读者更愿意点击阅读，以了解背后的故事或观点。

反转吸引：以"不是！"作为开头，形成了一种反转的效果，打破了读者的常规预期，增加了标题的吸引力和趣味性。这种反转手法在标题中非常有效，能够迅速抓住读者的注意力。

目标明确：标题明确指出了目标群体——"现在的女生"，使得内容更加聚焦和有针对性。这有助于吸引对该群体感兴趣或与之相关的读者群体。

话题性强：关于现代女生的勇敢特质是一个具有广泛讨论空间的话题，能够引发读者的思考和讨论。这种话题性有助于增加内容的传播和影响力。

……（略）

最后，提出自己的需求，要求AI以什么风格去做修改。

提示词

根据上述标题的修改建议重新生成4个符合小红书平台风格的爆款标题

文心一言

当然，根据之前的分析以及针对不足之处的修改建议，以下是4个符合小红书平台风格的爆款标题示例：

1. 惊！当代女生的勇气新高度，这些瞬间让我直呼"666"

理由：这个标题保留了原标题的惊讶元素，并通过"惊"和"666"等网络热词增强了情绪表达。同时，"当代女生的勇气新高度"具体化了主题，让读者更清楚地知道内容将围绕什么展开。

2. 揭秘！现代女生的勇气故事，每一个都让人敬佩不已

理由：使用"揭秘"一词引发读者的好奇心，而"现代女生的勇气故事"则明确了内容方向，使读者期待看到具体的故事和实例。最后，"每一个都让人敬佩不已"增加了内容的吸引力，暗示着将有多个精彩故事呈现。

3. 不敢信！这些女生做的事，让我重新定义"勇敢"二字

……（略）

4.1.4 实用指南：提示词的注意事项

了解提示词的编写原则、掌握提示词的编写技巧以及知晓一些提示词的注意事项，都可以增加AI的理解程度、注意力和提高运用AI的效率，从而使自己与AI的对话引人入胜、丰富和高效。下面介绍一些提示词的注意事项，如图4-1所示。

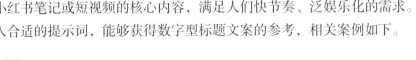

```
                      ┌── 减少累赘描述性词语，信息过多容易造成重载
                      │
                      ├── 避免使用行话和模糊的语言，容易浪费提问的时间
     提示词的注意事项 ──┤
                      ├── 开放式的提示词，提问需适当，建立一定的语境
                      │
                      └── 指出具体的细节，如描述某个人物，提供特征提示
```

图 4-1　提示词的注意事项

当AI不存在技术上的问题时，在没有避免上述错误的情况下向其提问，可能会出现AI因不理解提示词、不熟悉行话、不遵守约束等生成不相关、重复性或一般性的回复。

4.2　用 AI 生成 8 种小红书标题文案的方法

标题是别人是否愿意点击你的笔记的关键因素，当你的标题足够吸引别人的时候，你就已经成功了一半。

那么如何创作出一个好的标题呢？本节介绍运用AI生成不同类型的小红书标题文案的方法，通过参考这些方法，你的标题编写能力将会得到显著提高。

4.2.1 用AI生成数字型标题

数字型标题文案，顾名思义是一种在小红书标题中融入数字的文案。这类标题文案具有数字的优势，能够更加直观、有说服力地展现小红书笔记或短视频的核心内容，满足人们快节奏、泛娱乐化的需求。在AI中输入合适的提示词，能够获得数字型标题文案的参考，相关案例如下。

👤 提示词

请提供8个关于宣传小红书的数字型标题文案

Kimi

1.【10万+爆文秘籍】解锁小红书流量密码，让你的内容火遍全网！
2.【5步打造爆款笔记】小红书运营新手必看，月增粉千人的实战攻略！
3.【投资回报率高达300%】小红书营销实战案例，低成本高效引流秘籍！
4.【视觉盛宴！10大吸睛封面设计】让你的小红书笔记第一眼就被爱上！
5.【数据分析驱动增长】揭秘小红书算法，精准定位，让每一篇笔记都直击靶心！
6.【合作达人揭秘】与百万粉丝KOL共舞，解锁小红书品牌联名新玩法！
7.【内容为王！8个创意内容方向】让你的小红书账号内容永远不缺灵感！
8.【用户洞察深度剖析】洞悉小红书用户心理，打造他们真正想看的内容！

另外，还可以给AI提供数字型标题文案范例，让其模仿范例生成数字型标题文案，相关案例如下。

提示词

小红书短视频中的数字型标题文案风格通常为"为什么女孩子必须多见世面，12部宝藏纪录片""去做这6件事，让自己活成一道光""独处时可以做的100件小事""这5个爱好，让你成为更好的自己"。请模仿上述风格，为传授时间管理技巧的小红书短视频提供标题文案的参考

Kimi

1.掌握时间管理的秘诀，10个高效技巧让你每天多出一小时
2.告别拖延症！5个实用方法，让你的时间管理井井有条
3.时间管理大师的秘密：7个日常习惯，轻松提升效率
4.从早到晚不慌乱，24小时高效时间规划全攻略
5.逆袭时间管理小白，4步打造你的专属高效日程表
6.时间不够用的你，必看！6个微习惯重塑你的时间观
7.忙碌生活也能游刃有余？3大时间管理法则助你成功
8.告别低效生活，8个时间管理神器，让你事半功倍
9.一天顶两天用！学会这5个时间管理技巧，效率翻倍
10.时间管理达人教你，如何用1周时间完成1个月的任务
11.时间富翁的修炼手册：9个清晨习惯，让你的一天活力满满且高效
12.告别熬夜加班！7个晚间时间管理策略，让你的工作与休息两不误

4.2.2 用AI生成热点型标题

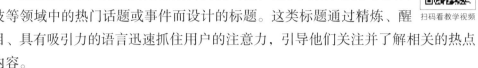

扫码看教学视频

热点型标题文案主要是指紧密围绕当前社会、文化、娱乐以及科技等领域中的热门话题或事件而设计的标题。这类标题通过精炼、醒目、具有吸引力的语言迅速抓住用户的注意力，引导他们关注并了解相关的热点内容。

在AI中输入对话前提和具体的需求可以得到热点型标题文案，相关案例如下。

提示词

热点型标题主要是指紧急围绕当前社会、文化、娱乐以及科技等领域中的热门话题或事件而设计的标题。请提供几个小红书风格的热点型标题文案

Kimi

当然，以下是几个小红书风格的热点型标题文案，这些标题紧密围绕当前热门话题或事件，同时融入了小红书特有的亲切、有趣和吸引人的元素：

1.【科技新突破！】这款AI神器，让你秒变美妆大师，化妆小白也能逆袭！
2.【社会热议！】#996工作制#再引争议，你的工作时长达标了吗？
3.【文化新风尚！】国风复兴，这些传统元素竟然可以这么潮？
4.【美食新潮流！】网红小吃打卡地揭秘，排队三小时也要尝的绝味！
5.【国际大事件！】××国家宣布重大决定，全球网友热议不断！
6.【时尚前沿！】今年秋冬流行色来了，你准备好变身时尚Icon了吗？

这些标题文案不仅紧跟热点，还通过话题标签和生动的语言来增强吸引力和互动性，非常适合在小红书这样的社交平台上使用。

举例具体的热点，让AI结合热点生成标题文案，相关案例如下。

提示词

正值巴黎奥运会期间，请结合巴黎奥运会的热度提供适合小红书短视频的标题文案的参考

Kimi

当然，结合巴黎奥运会的热度，以下是一些适合小红书短视频的标题文案的参考，旨在吸引用户的注意并激发参与热情：

1.【巴黎奥运燃爆全场！】直击开幕式震撼瞬间，你的奥运记忆从哪一刻开始？

2.【金牌时刻！】巴黎奥运首金诞生，见证荣耀背后的汗水与泪水！

3.【速度与激情！】百米飞人大战，谁将续写传奇，你心中的冠军是谁？

4.【碧波中的较量！】泳池里的翻涌浪花，是运动员们对梦想的执着追求！

5.【篮球风云再起！】奥运赛场上的篮球对决，每一秒都扣人心弦！

6.【力量与美的碰撞！】举重台上的每一次挺举，都是对极限的挑战！

7.【幕后英雄也闪光！】探访奥运村，揭秘运动员不为人知的日常与努力！

8.【奥运与艺术交融！】巴黎的浪漫遇上奥运的激情，这场视觉盛宴你怎能错过？

9.【全民奥运热！】我在巴黎为你加油，分享我的奥运观赛小妙招！

10.【镜头下的奥运瞬间！】捕捉那些感动与辉煌，你的奥运相册准备好了吗？

这些标题文案结合了巴黎奥运会的特色元素和观众的观赛热情，旨在通过短视频的形式带领用户感受奥运的激情与魅力。

4.2.3　用AI生成对比型标题

扫码看教学视频

对比型标题文案是一种在标题中加入对比的文案，通过制造不同事物或事件之间的差异化，可以让用户快速了解文章的主要内容，相关案例如下。

 提示词

请为主题为"平价与贵价口红的区别"的小红书笔记提供6个对比型标题文案的参考

通义

1.口红性价比大比拼：平价VS贵价，谁才是你的心头好？

2.从色彩到持久：平价口红与高端品牌的秘密对决！

3.美妆揭秘：平价口红能与贵价口红一较高下吗？

4.口红预算攻略：平价与贵价，究竟差在哪里？

5.试色大作战：平价口红能否挑战贵价口红的王座？

6.平价口红的逆袭：与贵价品牌较量，你会选谁？

运营者也可以引导AI生成适合小红书视频的对比型标题文案，相关案例如下。

提示词

为一个记录生活的小红书短视频提供几个对比型标题文案

通义

1. 日常与非凡：我的小红书生活日记，平凡中的小确幸！

2. 简单生活，大不同：日常小确幸VS非凡大冒险！

3. 生活两面：平凡日子里隐藏的非凡故事。

4. 日常的非凡视角：在普通生活中发现不平凡的美。

5. 从日常到非凡：记录生活的每一步，发现不一样的自己。

6. 生活对比记：平凡中的非凡瞬间，你发现了吗？

7. 日常非凡录：在小红书捕捉生活的每一个对比瞬间。

★ 专家提醒 ★

对比型标题还可以加入悬念型标题的手法，能更加突显出笔记的特色，吸引用户的注意力，这样的小红书笔记标题既用了对比，又有悬念，很符合当代小红书用户的口味，如"为何别人躺着能赚钱，而'我'还在朝九晚五？"等。

4.2.4 用AI生成"十大"型标题

扫码看教学视频

"十大"型标题文案主要是指使用数字"十"来列举具体的内容、建议、技巧、产品以及经验等，以此吸引用户的注意力和兴趣的一种标题形式，如"2024年十大悬疑类电视剧推荐""长沙旅游必去的十大景点"等。在AI中输入合适的提示词，能够获得"十大"型标题文案的参考，相关案例如下。

提示词

请为一个推荐小说的小红书运营者提供6个"十大"型标题文案的参考

通义

1. 十大经典小说推荐：穿越时空的文学之旅

2. 十大畅销小说榜单：读者心中的文学宠儿

3. 十大悬疑小说揭秘：烧脑谜案等你破解

4. 十大浪漫小说精选：沉浸在爱河的文字里

5. 十大科幻小说探索：未来世界的想象之旅

6. 十大历史小说回顾：穿梭古今的史诗巨作

另外，还可以给AI提供"十大"型标题文案范例，让其模仿范例生成"十大"型标题文案，相关案例如下。

 提示词

小红书笔记中的"十大"型标题文案风格通常为"揭秘！行业的十大内幕""十大神奇国货，你有几件"。请模仿上述风格为生活用品的推广提供几个标题文案的参考

通义

1.揭秘！家庭清洁神器的十大必备品

2.十大生活小物，提升你日常的十大神器

3.十大厨房好帮手，让你的美食生活更轻松

4.十大神奇生活用品，你家里有几样？

5.十大创意家居用品，让你的生活不再单调

6.十大省钱又省心的生活用品，精明之选

7.十大国货生活用品，支持国货从我做起

8.十大智能生活用品，让科技融入你的生活

9.十大旅行必备生活用品，轻松出行有保障

一般来说，这种类型的标题有3个主要特点，如图4-2所示。

图4-2　"十大"型标题的特点

4.2.5　用AI生成好奇型标题

扫码看教学视频

好奇型标题文案是指能够激发用户好奇心、促使他们点击并深入了解内容的标题，这类标题通常通过提出疑问、揭示未知信息、使用引人入胜的词汇或短语等方式来吸引用户的注意力，相关案例如下。

 提示词

写出5个有关南京美食纪录片的好奇型标题文案

文心一言

当然，以下是5个关于南京美食纪录片的好奇型标题文案，旨在激发观众的好奇心并引导他们深入了解南京的美食文化：

1.舌尖上的金陵秘史：南京美食纪录片带你揭秘千年古城的美味传奇！

这个标题通过"秘史"和"美味传奇"两个词汇勾起了观众对南京美食背后故事的好奇。

2.从盐水鸭到鸭血粉丝汤，南京美食纪录片解锁鸭都的味觉盛宴，你尝过几样？

通过列举南京的特色美食，如盐水鸭和鸭血粉丝汤，并提问观众尝过几样，激发他们对自己未尝试过的美食的好奇。

3.穿越古今的味蕾之旅：南京美食纪录片带你品味六朝古都的舌尖记忆！

使用"穿越古今"和"六朝古都"的词汇营造了一种历史与美食交织的氛围，引发观众对南京美食历史的好奇。

4.不只是鸭！南京美食纪录片深度挖掘，揭秘那些藏在街巷里的隐秘美味！

通过"不只是鸭"的表述打破观众对南京美食只有鸭的固有印象，并暗示有更多隐秘美味等待发现，激发他们的探索欲。

5.南京美食地图大公开！纪录片带你走遍秦淮河畔，寻找最地道的南京味道！

利用"美食地图大公开"和"最地道的南京味道"的表述让观众感受到一场寻找美食的冒险即将开始，同时秦淮河畔的描绘也增加了浪漫和期待感。

值得注意的是，将好奇型标题与数字型标题结合起来效果更佳，数字型标题能够给用户带来直观的冲击，从而更有效地激发用户的好奇心。运营者可以给AI提供好奇型与数字型标题文案结合范例，让其模仿范例生成两种类型结合起来的标题文案，相关案例如下。

提示词

小红书笔记中的好奇型与数字型相结合的标题文案风格通常为"一个月涨粉10000，变现2000，我做对了什么"。请模仿上述风格生成相似的小红书标题文案

文心一言

当然可以，以下是根据您提供的风格模仿生成的小红书标题文案：

1.三个月瘦身20斤，不节食不反弹，我的秘密武器大公开！

2.一周内学会流利口语，从零基础到自信交流，我的英语学习秘籍！

3.月入过万不是梦！我的副业选择，轻松实现财务自由的小秘诀！

4.10分钟快速早餐，营养美味又健康，上班族也能享受的幸福时光！

5.从零到百万阅读量，我的自媒体运营心得，你也可以成为爆款制造机！

这些标题都结合了好奇型（如"我的秘密武器""我的英语学习秘籍"等）和数字型（如"三个月瘦身20斤""一周内学会流利口语"等）元素，旨在吸引读者的注意力，并激发他们对笔记内容的好奇心。

4.2.6　用AI生成论述型标题

扫码看教学视频

论述型标题指的是以表达观点为核心的一种小红书笔记标题。这类标题一般会精准到人，而这些人既可以是明星，也可以是在某方面有着丰富经验的权威人士。通常将人名放置在标题前，紧接着补充这个人对某件事的观点看法，相关案例如下。

提示词

请提供几个小红书论述型标题文案的参考

文心一言

当然，以下是几个小红书上的论述型标题文案的参考，这类标题更注重于分享观点、经验或专业知识：

1. 为什么坚持早起是我人生中最棒的决定？揭秘背后的科学原理与个人成长

2. 告别无效护肤！专业皮肤科医生教你如何根据肤质精准护肤

3. 职场新人必看！从迷茫到高效，我的时间管理与自我提升法则

4. 穿搭不只是美，更是态度！解读时尚背后的文化意义与个人风格塑造

5. 理财小白进阶指南：从零开始，构建你的财务自由之路

6. 心理健康不容忽视！专家分享缓解焦虑、提升幸福感的实用方法

7. 揭秘美妆博主背后的真相：如何打造自然妆容，避免化妆雷区

8. 家居美学大公开：小空间也能拥有大格局，我的家居布置心得

这些标题通过提出明确的观点或分享具体的经验，吸引对相关内容感兴趣的用户，引导他们深入了解并学习。

运营者在标题中加入"专家"的字眼，表明自己的身份，这种笔记更具有说服力，通常更容易得到众多用户的青睐，因为大众往往对专家的观点更加认同，相关案例如下。

提示词

请提供几个关于护肤的小红书论述型标题文案的参考，要求加上"专家"或"权威人士"等类似字眼

文心一言

当然，结合小红书的风格和你提出的要求，这里有几个护肤主题的标题文案的建议，它们巧妙地融入了"专家"或"权威人士"的概念，旨在提升内容的可信度和吸引力：

1.【专家揭秘】护肤界不容错过的五大真相，你中招了吗？

2.权威人士亲授：打造完美底妆的七个秘密技巧

3.【专家视角】春季护肤指南：对抗敏感肌的全方位策略

4.皮肤科医生的日常护肤秘诀：如何选择最适合你的产品？

5.【权威解读】抗衰老护肤：哪些成分真正有效？真相在这里！

每个标题都旨在吸引目标受众的注意，同时传达出内容的专业性和实用性，希望这些建议能为你的小红书内容创作带来灵感！

论述型标题一般有两种作用，一是通过名人效应，提升品牌的知名度或者曝光度，让更多人看到自己发布的笔记；二是通过引用权威人士的发言让自己发布的笔记更具有说服力。一般来说，用户会更愿意相信权威人士或者知名品牌商的发言。

4.2.7　用AI生成选择型标题

选择型标题文案在标题中给予用户两种选择，一些有选择困难症的用户或是无法做决定的用户会点击这类笔记观看，相关案例如下。

扫码看教学视频

提示词

给我5个关于小红书旅行类图文笔记的选择型标题文案的参考，如"图书馆与书店，你更喜欢去哪里？"

天工AI

当然可以。为了给你的小红书旅行类图文笔记提供一些选择型标题的灵感，这里有一些结合了互动性和吸引力的例子：

1.海岛VS山林：哪一种更能治愈你的心灵？

2.古都韵味VS现代都市：旅行中的你更偏爱哪种风情？

3.独自探索VS结伴同行：旅行路上的最佳拍档是谁？

4.奢华享受VS背包客体验：你的旅行风格是？

5.历史遗迹VS自然风光：镜头下的你更爱记录什么？

这些标题旨在激发读者的兴趣并鼓励他们参与讨论，同时也能帮助你更好地了解用户偏好。

4.2.8　用AI生成网络词汇型标题

小红书网络词汇型标题文案是指利用小红书平台上流行的网络词汇、短语或表达方式创作的具有吸引力和话题性的标题。这些网络词汇往往能够迅速抓住用户的注意力，提高标题文案的点击率和互动率，相关案例如下。

提示词

请提供5个小红书网络词汇型标题文案的参考

天工AI

当然可以，以下是5个小红书网络词汇型标题文案的参考：

1. 种草警告！这款神仙眼影盘美到犯规！

解析：使用"种草警告"和"美到犯规"这样的网络词汇，强调产品的吸引力和独特魅力，激发用户的购买欲望。

2. 绝了！这杯隐藏菜单，让我一秒穿越到网红打卡地！

解析："绝了"表示非常出色、令人惊叹，而"隐藏菜单"和"网红打卡地"则是当前流行的网络词汇，结合起来营造出一种新奇和时尚的氛围。

3. OMG！这个神仙搭配，让我从路人甲秒变时尚Icon！

解析："OMG"是常用的网络惊叹词，表示惊讶或赞叹；"神仙搭配"则强调搭配的完美和时尚感，整个标题充满活力和吸引力。

4. 解锁新技能！一招教你拍出ins风美照，朋友圈点赞爆表！

解析："解锁新技能"表示学习新知识的乐趣和成就感；"ins风美照"和"朋友圈点赞爆表"则强调了拍照技巧和分享的乐趣，适合喜欢拍照和社交的用户。

5. 断舍离后，我的桌面竟然可以这么极简又高级！

解析："断舍离"是近年来流行的生活理念，强调舍弃不必要的物品，追求简约和高效的生活方式；"极简又高级"则描述了整理后的桌面效果，整个标题传递出一种生活美学的态度。

4.3　用AI打造小红书爆款标题文案的方法

标题文案往往是作为一篇笔记或一个视频的"门面"，起到给用户留下第一印象的作用，因此运营者在撰写文案和创作短视频时会格外重视对标题文案的撰写，致力于打造出爆款标题文案。打造爆款标题文案需要掌握一定的技巧，通过AI可以快速地实现。

例如，首先在AI中输入对话前提，向AI询问"如何打造小红书爆款标题文案"，让AI建立关于打造爆款标题文案的知识背景，具体内容如下。

提示词

如何打造小红书爆款标题文案

秘塔AI搜索

打造小红书爆款标题文案需要综合运用多种技巧和策略，以吸引用户的注意力并提高点击率。以下是一些详细的方法和建议：

1.确保标题清晰地表达出内容的主题和核心，这是吸引用户的第一步。

2.标题应简明扼要，直接表达文章的主题，避免冗长和复杂的描述。

3.提示词的选取对于提高笔记的曝光度至关重要。通过小红书热门话题、热门标签、热门搜索等方式获取灵感，并将这些提示词融入标题中。

4.情绪化、口语化的标题在小红书上越来越受欢迎，能够引起用户的共鸣和互动。例如，"不懂就问，有没有不接触人类的工作呀"这种提问式标题可以激发用户的好奇心和参与感。

5.在标题中突出文章的重点内容或亮点，使用户一眼就能看出文章的价值所在。例如，"独家揭秘：天价宠物的背后"这样的标题就非常吸引人。

6.使用数字和技巧词来增加标题的吸引力。例如，"30个爆款标题公式"，这样的标题不仅具有信息量，还能激发用户的好奇心。

7.讲述一个故事或者使用情绪化的语言，可以更好地与读者建立连接。例如，"这款膏膏真是毛孔吸尘器"，通过比喻的手法引起用户的共鸣和想象力。

8.写出令人印象深刻的标题需要经过不断地实践和摸索。尝试不同的句式和风格，找到最适合自己的方式。

9.标题不仅要文字上吸引人，还可以搭配平台表情符号等视觉元素，提升整体的视觉吸引力。

10.根据不同的内容形式（如图文、视频）选择合适的标题策略。例如，在发布视频时，可以在封皮下方填写一个简短但吸引人的正文标题。

通过以上方法，结合实际案例和数据分析，可以不断优化你的标题，从而在小红书上打造出更多爆款内容。

然后，根据AI的回复提出自己的任务需求，相关案例如下。

提示词

请使用情绪化、口语化的语言为一个介绍厨房好物的小红书短视频提供爆款标题文案的参考

秘塔AI搜索

要为一个介绍厨房好物的小红书短视频提供爆款标题文案的参考，可以使用情绪化、口语化的语言来吸引观众的注意力。以下是一些参考标题：

1. 34件好用到落泪的厨房好物，自用良心推荐！

2. 小厨房救星！12件超好用的厨房好物推荐，小白也能做大餐！

3. 相见恨晚的厨房好物推荐，好用到落泪的厨房好物推荐。

4. 9件厨房好物推荐：明明不起眼的小东西，用处却很大！

5. 20件厨房实用好物推荐，什么值得买

6. 厨房好物推荐，让做饭变成乐趣！

7. 10款厨房好物推荐，优雅的美食生活不只是跟价格画等号

这些标题不仅情绪化、口语化，而且直接点出了产品的特点和优势，能够迅速吸引用户的注意力。希望这些参考能帮助你创作出更吸引人的短视频标题！

　　另外，可以根据AI生成的答案进一步优化提示词，以获得更多爆款标题文案的参考，相关案例如下。

提示词

我觉得这个"10款厨房好物推荐，优雅的美食生活不只是跟价格画等号"文案更能吸引人，请再次生成类似的标题文案

秘塔AI搜索

当然可以，以下是几个类似风格且可能更吸引人的标题文案参考：

1. 揭秘！12款平价厨房神器，让你的烹饪艺术超越价格标签

强调即使不花高价，也能拥有提升烹饪体验的优质工具。

2. 轻奢生活不奢侈！8件厨房宝藏，让美味与格调并存

使用"轻奢"一词传达高端而不奢侈的生活态度，同时强调产品能同时带来美味与品位。

3. 厨房升级秘籍！9大必备神器，让每一餐都成为精致享受

突出"升级秘籍"和"必备神器"，激发用户对改善厨房环境和提升烹饪质量的兴趣。

4. 告别杂乱无章！精选10款厨房收纳神器，让美味与整洁同行

针对厨房收纳问题提出解决方案，同时强调收纳与美食生活的紧密联系。

5. 美食家的秘密武器！7样厨房小物，性价比爆棚，美味不打折

使用"美食家的秘密武器"吸引对烹饪有追求的用户，同时强调产品的性价比。

　　运用AI生成爆款标题文案除了高效、有参考价值外，还可以提供文案检测功能，让其分析成为爆款标题文案的原因，进而帮助运营者做出判断。

第 5 章

笔记创作：AI撰写吸引眼球的
小红书爆文

在信息爆炸的今天，如何让自己的声音在小红书的海洋中脱颖而出，成为每个运营者心中的难题。AI辅助小红书笔记创作正成为现实，为运营者带来了前所未有的机遇。本章将深入探讨AI小红书笔记创作的提示词技巧，并通过实战案例帮助运营者更好地掌握如何利用AI创作高质量的小红书笔记。

5.1 AI 小红书写作原理与工具推荐

AI技术的融入为小红书笔记创作带来了革命性的变化，本节将深入探讨AI小红书写作的原理及其在提升写作效率方面的应用。

首先解析AI写作工具的工作原理；然后展示如何利用AI技术优化小红书笔记的写作流程，从而提高生产力和内容质量；接着讲解爆款笔记拆解的技巧与方法，助力运营者打造热门笔记；最后推荐几种市场上流行的AI写作工具，帮助运营者在激烈的信息竞争中脱颖而出。

通过本节内容，读者将对AI在小红书写作中的应用有一个全面的了解，并能够选择适合自己需求的工具，以实现更高效、更智能的小红书内容创作。

5.1.1 AI写作工具的运作机制与原理

扫码看教学视频

AI写作工具是一种利用人工智能技术自动化和智能化地生成文字内容的软件或平台。这些工具通过分析大量的数据和信息能够快速生成符合语言规范和逻辑要求的新闻、文章、报告、小红书笔记等文字内容。

在当今数字化时代，AI正以其独特的能力重塑小红书内容创作领域。AI写作工具作为这一变革的先锋，通过深度学习和自然语言处理技术实现了从数据采集到内容生成的全自动化流程，它们不仅能够快速分析和学习大量文本数据，提取关键信息，还能根据运营者设定的参数创作出符合语言规范和逻辑要求的小红书笔记。

AI写作工具的应用不仅极大地提高了运营者的写作效率，也为个性化和自动化的小红书内容创作提供了可能。AI写作工具的工作原理通常涉及以下几个关键步骤和组件。

（1）数据采集：AI写作工具首先需要通过技术（如网络爬虫等）采集大量的文本数据，这些数据包括新闻、文章、报告等。

★ 专家提醒 ★

网络爬虫（又称为网页蜘蛛、网络机器人）是一种按照一定的规则自动抓取万维网信息的程序或脚本，它通过网页的链接地址来寻找网页，从一个页面开始读取网页内容，并找到其中的其他链接地址，然后通过这些链接地址寻找下一个网页，如此循环，直到抓取完目标网站的所有网页。

（2）数据分析：收集到的数据随后会被AI系统分析和处理，以提取关键信息和特征。

（3）模型训练：利用机器学习和自然语言处理技术，AI系统会训练出一个能够理解和生成语言的模型。

（4）内容生成：根据运营者设定的要求和参数，AI写作工具可以根据训练好的模型生成符合要求的小红书笔记内容。

（5）深度学习与自然语言处理：AI写作工具的工作原理主要基于深度学习和自然语言处理技术，通过对大量文本数据的学习和训练生成能够模拟人类写作风格的模型。

（6）生成对抗网络（Generative Adversarial Networks，GAN）：在一些高级的AI写作工具中可能会使用生成对抗网络技术，通过构建生成器和判别器的对抗训练过程提升生成小红书笔记的质量与真实性。

（7）个性化与自动化：AI写作工具可以提供个性化建议，根据运营者的写作历史记录和目标进行调整，以生成符合个性化需求的小红书内容。

（8）辅助功能：除了生成文本，AI写作工具还可能包括语法检查、内容总结、SEO关键词建议、剽窃检测、语言翻译等功能。

（9）多模态生成与个性化定制：未来的AI写作工具可能会实现多模态信息的融合和个性化定制的小红书文本内容生成。

这些原理和流程共同构成了AI写作工具的基础，使其能够自动化地生成高质量的小红书文本内容，提高写作效率和质量。

5.1.2　使用AI提升小红书笔记的写作效率

随着人工智能技术的不断进步，AI写作工具应运而生，为运营者带来了极大的便利。通过自然语言处理和机器学习，AI能够快速生成笔记草稿、优化内容、提取摘要，甚至进行情感分析，极大地提升了写作效率。

扫码看教学视频

下面将探讨如何利用AI技术提升小红书笔记的写作效率，帮助运营者在激烈的市场竞争中保持领先。

（1）摘要提取：AI可以自动提取笔记的关键信息，生成简洁、精炼的摘要，方便运营者快速了解笔记内容。

（2）情感分析：AI能够识别和分析文本情感，帮助运营者了解用户反馈，优化内容策略。

（3）确定主题与关键词：运营者在使用AI写作工具前，需要先明确内容主题和关键词，以便AI工具能够根据需求生成相关笔记。

（4）选择AI工具：选择具有良好口碑和稳定性能的AI写作工具，确保内容生成的准确性和效率。

（5）内容创作与优化：根据AI生成的初稿进行调整和优化，确保内容的质量。

（6）内容推广：AI工具可以收集数据，分析目标用户群体和传播渠道，制定有效的推广策略。

（7）反馈与改进：通过分析用户反馈和数据表现，AI能够自动调整和优化内容，帮助运营者不断完善内容创作策略。

通过这些方法，运营者可以充分利用AI更高效地创作小红书内容，同时保持笔记的高质量和原创性。

5.1.3　爆款笔记拆解：技巧与方法论

笔记内容是吸引用户关注并进行点赞、分享的关键，每一篇笔记都是运营者的智慧和策略的结晶，它们不仅满足了用户的猎奇心理，更触动了人们心灵深处的共鸣。下面将探讨拆解爆款笔记背后的技巧与方法论，探索那些让笔记脱颖而出的秘密武器。

扫码看教学视频

（1）提取小红书的爆款笔记内容：打开小红书，寻找一个点赞和评论数据好的笔记。一般而言，这类笔记通常具有较高的借鉴价值。

（2）在提取完笔记内容后，利用AI拆解笔记，相关案例如下。

提示词

1.角色指令：文案拆解大师

2.角色描述：作为一个口播文案拆解大师，我专注于分析和拆解成功的口播视频文案，以揭示其背后的技巧和策略。我的目标是通过深入分析帮助用户理解并掌握文案创作的精髓，从而提高他们的文案创作能力。

3.技能

……（略）

Kimi

您好！作为文案拆解大师，我已准备好为您的口播文案提供深入的分析和拆解服务。请发送您想要分析的文案，我将从结构和布局、语言风格、情感诉求、说服力以及创意元素等多个角度进行详细剖析，并提供仿写实践的步骤和指导。让我们开始吧，请发送您的文案样本，我将帮助您提升文案创作能力。

提示词

谈及考研的初衷，真是五味杂陈啊。或许，我是真心想成为家里的骄傲，成为第一个研究生，让爸妈脸上有光。也有点儿想弥补高考那会儿留下的遗憾，看看自己努力到极致能走到哪一步。当然，名校的吸引力不可小觑，我特别想知道那些顶尖学府的学习氛围和生活是怎样的。

说白了，也是想给自己争口气，证明我行的！更重要的是，我想追逐自己的兴趣，考上心仪的专业，彻底告别现在的本科专业，那种感觉就像是重生一样。研究生的生活，不管多苦多累，我都想去体验一下，毕竟那是成长的必经之路。

……（略）

Kimi

这段口播文案非常具有感染力和说服力，下面我将从以下几个方面进行拆解分析，并提供仿写指导。

结构和布局

1. 开头：文案以个人情感为切入点，通过"五味杂陈"这个表达立即吸引了听众的注意力，并设定了一种反思和探索的基调。

2. 发展：文案通过列举多个考研的初衷，如成为家庭的骄傲、弥补高考遗憾、名校的吸引力、个人成长等，逐步展开，逻辑清晰，情感丰富。

3. 结尾：以一个提问结束，"你呢？你的考研初衷又是什么呢？"，这样的开放式结尾不仅强化了信息，还鼓励听众进行自我反思，从而留下深刻的印象。

……（略）

提示词

对以上文案进行仿写

Kimi

基于您提供的口播文案，我将提供一个仿写示例，遵循原文的结构和风格，同时融入新的元素和主题。

仿写文案：

开头：每当夜深人静，我总会思考，我的人生目标究竟是什么？这份迷茫，让我在无数个夜晚辗转反侧。

发展：

1. 我渴望成为那个改变家族命运的人，成为家中第一个走进大学讲堂的人，让家人为我骄傲。

2. 也许，我想弥补那些年错过的机会，证明给所有人看，我有能力达到更高的学术境界。

3. 我憧憬着那些充满智慧和激情的校园生活，想象自己在那里与志同道合的朋友和同学一起探讨、学习。

……（略）

5.1.4　几种实用的AI写作工具

扫码看教学视频

AI写作工具的出现为运营者带来了前所未有的便利和效率。AI写作工具不仅能够辅助运营者快速生成文本，还能提供语言校正、风格优化等高级功能。从简单的文案撰写到复杂的笔记生成，AI写作工具正逐渐成为运营者不可或缺的助手。下面将介绍几种实用的AI写作工具，探讨它们如何帮助运营者提升写作质量，节省时间，并激发创意思维，创作出优质的小红书笔记。

1. 文心一言

文心一言是百度公司推出的一款人工智能大语言模型，具备跨模态、跨语言的深度语义理解与生成能力，它在多个领域都有广泛的应用潜力，包括但不限于搜索问答、内容创作生成、智能办公等，如图5-1所示。

图 5-1　文心一言

在文心一言的主页上可以看到包括文心大模型3.5、文心大模型4.0、文心大模型4.0 Turbo等在内的多样化的模型。文心一言在AI小红书笔记写作方面的优势主要体现在其知识增强、检索增强、对话增强的技术基础，以及多模态生成能力，这些优势使其在处理不同小红书笔记风格和需求的写作任务时更加精准、灵活和高效。

2. Kimi

Kimi是月之暗面科技有限公司旗下的国产大语言模型，是全球首个支持输入20万汉字的智能助手产品，有着超大"内存"，可以用于创作整理、专业学术论文的翻译和理解、阅读和总结文件等。

作为一款智能助手，Kimi在AI小红书笔记写作方面展现出了一系列独特的优势，主要体现在超长文本处理能力上，它能够处理高达200万字的无损上下文，并能够完整理解与分析整篇笔记，为运营者创作提供更加准确、连贯的建议和输出。

另外，Kimi还具备多模态支持的独特优势，不仅能够处理文本、PDF、Word文档、PPT幻灯片、Excel电子表格等多种格式的文件，还能进行跨模态理解，在有效提高运营者的工作效率和便捷性的同时，也为小红书笔记创作提供了更多的可能性。

3. 通义

通义是由阿里云公司推行的大语言模型，它是全能型AI助手，具有全面的AI能力，包含多轮对话、文案创作、逻辑推理、多模态理解、多语言支持等强大的功能。

在AI小红书笔记写作方面，通义（特别是通义大模型及其子产品，如通义千问）展现出了多个独特的优势，它具有强大的语言生成能力、高效的写作速度、丰富的知识储备与信息整合能力、多语言支持、灵活的交互与创作能力，以及广泛的应用场景等多重优势，能够满足不同运营者的需求，从而创作出高质量的小红书笔记。

4. 天工AI

天工AI集成了高级人工智能技术，具备强大的数据处理能力和深度学习能力，能够迅速适应各种复杂场景，它不仅是一款智能助手，更是一个多功能的写作工具。

天工AI在AI小红书笔记写作方面展现出了高效快捷、智能定制、语义理解、多领域适用、实时建议与智能纠错，以及免费使用与高级功能等独特优势，为众多运营者在小红书笔记创作方面提供了强大的支持和帮助。

5. 秘塔AI搜索

秘塔AI搜索是由上海秘塔网络科技有限公司开发的一款创新的人工智能搜索引擎，它致力于为运营者提供更高效、更精准、更个性化的搜索体验。

在AI小红书笔记写作方面，秘塔AI搜索作为一款创新的人工智能搜索引擎，凭借其智能语义理解、多轮对话交互、无广告干扰、结构化展示等独特优势，为运营者提供了更加高效、精准、个性化的搜索体验。

★ 专 家 提 醒 ★

上述内容仅为读者简要介绍了一些广受人们好评的 AI 写作工具，此外还有智谱清言、讯飞星火、360 智脑、ChatGPT 等其他同样出色的写作工具，也值得一试。

5.2　AI 小红书笔记创作的提示词技巧

提示词（Prompt）通常指的是输入给AI系统的文字描述或问题，用于引导或激发AI生成特定类型的内容。提示词可以是一句话、一个概念、一个场景描述，或者任何形式的文本输入，它们决定了AI生成内容的方向和性质。

本节将以文心一言、Kimi、通义、天工AI、秘塔AI搜索这5个AI工具为例，介绍AI小红书笔记创作的提示词技巧。

5.2.1　目标明确：打造清晰具体的提示词

运营者在输入提示词之前，首先要明确自己的目标，即想要得到什么样的结果。例如，想要让AI生成一篇关于某个主题的小红书笔记，就要明确小红书笔记的主题、字数、写作风格等要求，相关案例如下。

扫码看教学视频

提示词

以"食谱分享"为主题，写一篇美食类小红书笔记。要求：不超过500字，写作风格为有趣

文心一言

【厨房小白秒变大厨的秘密食谱来啦！】

嘿宝贝们，今天要揭秘一道让朋友圈疯狂点赞的"懒人版芝士焗饭"，保证你一次成功，美味到飞起！

食材大集合：剩饭一碗、马苏里拉芝士碎多多益善、番茄酱少许、火腿几片、青豆玉米粒来点色彩，还有必不可少的鸡蛋一颗！

步骤超简单：

1.剩饭加番茄酱拌匀，让每粒米都穿上红衣裳~

2.火腿切丁，和青豆玉米粒一起炒香，撒点盐调味，假装自己是专业大厨。

3.把炒好的料铺在饭上，中间留个窝窝给鸡蛋。

4.烤箱预热，200度上下火，给这碗饭披上厚厚的芝士被，烤它15分钟，直到芝士金黄冒泡，诱惑力MAX!

出炉那一刻，香气四溢，芝士控们怕是要把持不住啦！挖一勺，拉丝的快乐你值得拥有~
#懒人食谱##芝士就是力量##美食DIY#

通过提供清晰的提示词，可以确保AI生成满足运营者需求的高质量内容，减少错误和偏差。当然，要做到这一点，需要注意提示词的准确性和详细性，提示词应该清晰、明确，涵盖所希望生成的小红书内容的主题和要点。

5.2.2　品质至上：追求高质量的提示词

扫码看教学视频

在设计提示词内容时要追求质量而非数量，尽可能提供详细、准确、具有启发性的信息，以激发AI的创造力，同时还要避免提供过多的限制性信息，给AI留下一定的自由发挥空间，相关案例如下。

提示词

主题：夏季通勤女生穿搭指南
结构：引言、夏季通勤女生穿搭指南、结论

文心一言

引言

随着夏日的热情悄然而至，对于职场女性而言，如何在保持专业形象的同时又能兼顾清凉与时尚，成为每日穿搭的一大挑战。夏季通勤女生穿搭不仅要求衣物能够应对炎炎夏日的高温，还需展现出女性的优雅与干练。今天，就让我们一同探索夏季通勤女生的穿搭指南，让你在忙碌的工作日也能成为办公室里最亮眼的风景线。

夏季通勤女生穿搭指南

1.轻盈面料，透气舒适

棉麻材质：选择透气性好的棉麻材质衣物，如棉麻衬衫或连衣裙，它们能有效吸收汗水并迅速蒸发，让肌肤保持干爽。

雪纺与真丝：轻盈的雪纺和顺滑的真丝面料不仅触感凉爽，还能随风轻扬，增添几分柔美与仙气，适合搭配简约的西装裤或半身裙。

2. 色彩清新，提亮心情

……（略）

通过精心设计的提示词内容，可以更好地激发AI的创造力，使其生成更高质量的小红书笔记内容。在实际使用中，运营者可以根据不同的需求和场景灵活调整提示词内容，以达到最佳的生成效果。

5.2.3　平易近人：采用自然语言简化沟通

扫码看教学视频

自然语言是指人类日常使用的语言，包括口语和书面语。与计算机语言不同，自然语言是人类用来表述问题或需求的方式，几乎所有人都能轻松理解；而计算机语言则是人们为了与计算机进行交互所设计的特定语言，一般人是无法理解的。

在与AI对话的过程中，运营者要尽量使用自然语言来写提示词，避免使用过于复杂或专业的语言。AI是基于自然语言处理的模型，使用自然语言写的提示词可以让AI更好地理解运营者的需求，并生成自然、流畅的回答，相关案例如下。

提示词

请帮我写一篇主题为"健康饮食"的小红书笔记

Kimi

当然可以，下面是一篇关于"健康饮食"主题的小红书笔记草稿：

标题：

健康饮食，从今天开始——我的每日营养计划

正文：

大家好！今天我想和大家分享一下我的健康饮食之旅。在这个快节奏的生活中，保持健康的饮食习惯对我们的身体健康至关重要。

早餐篇：

早餐是一天的开始，我选择的是全麦面包搭配新鲜水果和一杯低脂牛奶。全麦面包富含纤维，有助于消化；水果提供维生素，而牛奶则是钙和蛋白质的来源。

……（略）

★ 专家提醒 ★

运营者输入的提示词要简洁明了，避免使用过多的词汇或语句，过多的修饰反而会让 AI 抓不住重点，从而影响它生成的内容的质量。

5.2.4 示例引导：通过示例激发创意火花

扫码看教学视频

运营者在提示词中可以给 AI 提供一些示例和引导，从而帮助 AI 更好地理解需求。例如，运营者可以提供一些相关的话题、提示词或短语，或者描述一个场景或故事，相关案例如下。

提示词

请将以下文本扩写为一篇500字以内的探险故事分享笔记，让内容更加完整。要求：语言规范，文学创作严谨，饱含情感，想象丰富，结局出人意料

文本：小琴是一个普通的大学生，阳光开朗，喜欢探险，在一次探险中，她发现了一个神秘组织的存在。

Kimi

标题：

探险之旅：揭秘神秘组织的秘密

正文：

大家好，我是小琴，一个普通的大学生，但我有着不普通的爱好——探险。今天，我要分享的是我最近一次探险的故事，它不仅让我心跳加速，更让我揭开了一个神秘组织的神秘面纱。

那是一个阳光明媚的周末，我和几位好友相约去郊外的一片未被开发的山林探险。我们背着行囊，带着对未知的好奇和对自然的敬畏踏上了旅程。山林里的空气清新，鸟语花香，我们仿佛置身于一个远离尘嚣的世外桃源。

然而，就在我们深入山林，准备搭建营地的时候，我无意间发现了一些不寻常的迹象。在一片看似普通的灌木丛中隐藏着一些奇怪的符号和标记。它们不像是自然形成的，更像是人为刻意留下的线索。

……（略）

5.2.5 问题导向：精准提问引领AI创作

扫码看教学视频

运营者可以采用问题的形式提出自己希望AI回答或讨论的内容，如"什么是小红书运营及其应用领域"。注意，问题要明确具体，不

要太宽泛，避免像"告诉我关于小红书运营的全部内容"这样过于开放式的问题。另外，运营者可以使用"如何""为什么""什么"等提问词来构建提示词，相关案例如下。

 提示词

如何利用AI工具写一篇小红书笔记

通义

使用AI工具来辅助撰写小红书笔记是一个既高效又有趣的方式。下面是一些步骤和技巧，帮助你用AI工具写出吸引人的小红书笔记：

1.明确主题与目标受众

在开始之前，先确定你的笔记要讨论的主题以及你希望吸引的受众群体。例如，如果你打算写一篇关于护肤的小红书笔记，那么目标受众可能是对美容护肤感兴趣的年轻女性。

2.收集素材

使用搜索引擎或社交媒体平台收集相关的图片、视频或引用数据等素材，AI工具可以帮助你搜索和筛选高质量的内容。

……（略）

5.2.6 细节丰富：添加细节深化内容理解

扫码看教学视频

运营者在提示词中提供具体、详细的细节和信息，可以帮助AI更好地理解需求，从而生成更准确、具体的小红书笔记内容，相关案例如下。

 提示词

618期间，我的小红书账号接到一个AC水乳的品牌宣传广告，请根据以下信息帮我写一篇宣传营销笔记

【适用肤质】：敏感肌肤

【关键词】：性价比高、温和补水、保湿控油

【品牌方要求】：用小红书笔记的形式，受众群体为学生党，直击痛点，引起粉丝的情感共鸣

通义

标题：

敏感肌救星来啦！学生党必囤AC水乳，性价比爆棚的温和补水神器

正文：

Hey宝贝们，是不是又在为换季时肌肤的小情绪烦恼呢？作为敏感肌的一员，我深知那种小心翼翼、生怕一不小心就"红脸"的无奈。但今天，我要大声告诉你们，我找到了敏感肌的春天！

隆重介绍我的新宠——AC水乳套装，简直是敏感肌学生党的福音啊！性价比高到飞起，不用吃土也能拥有的高级呵护！

……（略）

5.2.7　语境融合：利用上下文强化意图表达

扫码看教学视频

运营者可以在提示词中提供足够的上下文信息，以便AI能够理解自己的意图并生成准确的内容，相关案例如下。

提示词

请帮我写一篇小红书种草笔记文章，需要包含以下信息。

标题：长沙必去的十大旅游景点

开头：长沙必去的十大旅游景点保姆级攻略来啦！

高潮：长沙必去的十大旅游景点，你打卡了吗？

要求：语言风趣幽默，感情真挚，字数控制在500字左右

天工AI

标题：

长沙必去的十大旅游景点，保姆级攻略来袭，不走弯路就靠它！

嘿宝贝们，你们的旅行小能手又来啦！这次可是带着满满的诚意，给你们送上一份长沙必去的十大旅游景点保姆级攻略，保证让你的朋友圈美照不断，点赞爆表！

开头就放大招，长沙这座美食与美景并存的城市，不逛个遍怎么行？

首先，岳麓山走起！别告诉我你还不知道"爱晚亭"的枫叶红得有多迷人，那可是文艺青年必打卡的胜地，记得穿上你的小白裙，秒变画中人哦！

……（略）

在写好提示词后，运营者还需要进行测试和调整，可以多次尝试使用AI进行回答，观察它生成的答案是否符合预期，从而判断是否需要对提示词进行调整。

5.2.8 角色定位：明确身份构建生动情境

扫码看教学视频

运营者可以在提示词中假设一个角色的身份并提出问题，这样可以为AI提供更明确的情境，相关案例如下。

 提示词

我是一名刚毕业的大学生，目前正运营一个小红书账号，但是对现在的工作有很多的不适应，尽管内容做得很用心、很精彩，但是就是吸引不到用户浏览和点赞，数据很差，请针对我的现状，推荐一些针对我目前状况的改进意见

秘塔AI搜索

针对您作为刚毕业的大学生，在运营小红书账号时遇到的数据不佳、用户浏览和点赞少的问题，以下是一些具体的改进意见，希望能帮助您提升账号的表现：

1.明确账号定位与目标

细化定位：首先，确保您的账号定位清晰且独特。考虑您的兴趣、专长和目标受众，选择一个细分领域进行深入挖掘，如美妆、穿搭、旅行、学习技巧等。明确的方向有助于吸引更精准的粉丝群体。

设定目标：为账号设定短期和长期目标，如增加一定数量的粉丝、提高每月互动率等。这些目标将指导您的日常运营策略。

……（略）

需要注意的是，角色设置要具体和明确，如学生、医生、客户等，避免过于泛泛的角色设置。同时，背景情境要尽量描述充分，帮助AI更好地理解该角色的视角。另外，角色的请求要用第一人称表达，以增加代入感和逼真度。

5.3 AI小红书笔记创作实战

小红书以笔记的形式传递信息、传播观点，是受人们欢迎的新媒体平台之一。在特定主题的提示词下，AI可以生成小红书笔记。本节将深入探讨AI在小红书笔记创作中的实际应用，通过一系列实战案例展示AI如何帮助运营者突破传

统思维的局限，创作出多样化、个性化的内容。

5.3.1 用AI生成小红书美妆带货类笔记

小红书作为汇聚了无数美妆爱好者的平台，已经成为许多品牌和 KOL（Key Opinion Leader，关键意见领袖）推广产品的重要阵地。 AI技术能够帮助运营者创作出一篇篇吸睛的小红书美妆带货类笔记，不仅能够精准地捕捉目标用户的兴趣点，还能直击他们的心灵深处，引发共鸣，相关案例如下。

提示词

假设你是一位拥有百万粉丝的小红书美妆带货博主，以"学生党真正的平价不踩雷好物分享"为主题，以推广UA唇釉为目的，创作一篇小红书爆款笔记

文心一言

> 标题：
> 学生党必看！平价不踩雷，我的宝藏UA唇釉大揭秘
> 正文：
> Hey宝贝们～你们的平价美妆小能手又来啦！这次我可是挖到宝了，专为咱们学生党打造的UA唇釉，简直是性价比之王，让我忍不住要安利给全世界的你们！
> 首先，颜值爆表警告！UA的包装简约又不失高级感，拿在手里沉甸甸的，完全不像几十块钱的东西。放在化妆包里，每次拿出来补妆都是满满的幸福感呢～
> ……（略）

5.3.2 用AI生成小红书时尚穿搭类笔记

小红书作为引领潮流趋势的社交平台之一，已经成为众多时尚爱好者分享穿搭心得和发现新鲜灵感的理想之地。随着人工智能技术的发展，AI不仅能辅助运营者生成高质量的内容，还能帮助他们快速地捕捉时尚脉搏，实现个性化表达。运营者只需输入提示词，便可将其转化为一篇篇吸引人们眼球的小红书笔记，相关案例如下。

提示词

假设你是一位专门分享时尚穿搭的小红书博主，请以"夏季男生时尚穿搭指南"为主题，写一篇小红书笔记，字数为500字

文心一言

夏日炎炎，型男也要清爽出街！夏季男生时尚穿搭指南来啦，让你秒变街头最靓的崽！

1.短袖T恤是基础中的战斗机！选择简约图案或纯色款，搭配一条浅色牛仔裤，清爽又随性。别忘了小白鞋，百搭神器，轻松踩出夏日休闲风！

2.短裤也要穿出型！五分或七分裤，避免过短显尴尬。深色系更显瘦，搭配一双彩色运动鞋，活力四射，秒变运动型男。

3.印花衬衫也能玩转夏日！轻薄透气的材质是关键，解开几颗扣子，内搭白色背心或T恤，层次感满满，海边度假风get√

……（略）

5.3.3　用AI生成小红书旅行攻略类笔记

扫码看教学视频

小红书作为一个集分享与发现于一体的社交平台，成为许多旅者分享旅途故事、推荐秘境景点的地方。当旅行遇上AI，一场全新的探索之旅即将展开。AI能帮助运营者策划一份详尽的旅行攻略，从而获得旅行爱好者的关注，相关案例如下。

提示词

假设你是一位旅行爱好者，利用自己的旅行见闻和知识运营了一个小红书账号，专门分享一些旅行攻略，请以"苏州游玩避坑指南"为主题，写一篇小红书笔记，字数为500字

Kimi

标题：

苏州游玩避坑全攻略，让你的江南之旅不留遗憾！

正文：

Hey旅行达人们！苏州，这座古典与现代交织的江南水乡，美得让人心醉，但游玩时稍不留神就可能踩坑哦！今天就来份超实用的避坑指南，让你的苏州之旅满分好评！

1.避开人流高峰：周末及节假日的拙政园、平江路，那叫一个"人从众"！尽量选工作日或早晚时段前往，享受静谧水乡。

2.智慧购票：热门景点提前在线购票，如苏州博物馆，免排长队还能规划好时间。记得查看开放时间和特殊展览信息！

3.尝鲜不盲目：松鼠鳜鱼虽美味，但并非每家都正宗，推荐老字号或当地人推荐的餐馆。街头小吃虽诱人，但要注意卫生和价格哦！

……（略）

5.3.4　用AI生成小红书情感故事类笔记

扫码看教学视频

AI可以帮助运营者将自己的心路历程化作一篇篇触动人心的故事，还能帮助运营者捕捉那些难以言喻的情感瞬间，转化为文字，与更多人共享那份感动，相关案例如下。

提示词

假设你是一位小红书情感故事分享博主，因为故事感人，情感真挚，收获了上百万的粉丝，请以"回家时的那条路"为题，写一篇情感小故事，字数不超过500字，要求角度新颖，结尾出人意料，情感真挚

Kimi

回家时的那条路，总是熟悉而又陌生。它见证了我无数次的离别与重逢，承载着我童年的欢笑和成年后的沉默。

那是一个深秋的傍晚，落叶铺满了那条路，我带着满心的疲惫踏上了回家的旅程。我曾无数次幻想，当我功成名就时，再走这条路，会是怎样的心情。然而，当我真正踏上这条路，却发现一切并没有想象中的激动。

……（略）

5.3.5　用AI生成小红书美食推荐类笔记

扫码看教学视频

小红书以其独特的社区氛围，已然成为无数美食爱好者竞相分享心得、交流体验的平台。AI可以帮助运营者以无比细腻的手法精准地捕捉并描绘出每一道佳肴的诱人细节，从而创作出既令人垂涎欲滴又极具个人风格的美食推荐笔记，为用户带来前所未有的沉浸式阅读体验，相关案例如下。

提示词

假设你是一位拥有百万粉丝的小红书美食推荐博主，请写一篇推荐湖南小吃"糖油粑粑"的美食分享笔记，字数不超过500字

通义

【甜蜜暴击！湖南街头的老味道——糖油粑粑，你尝过没？】

走在长沙的夜市，总有一抹金黄温柔地牵绊着我的脚步，那就是让人欲罢不能的糖油粑粑！

外皮煎得金黄酥脆，轻轻一咬，内里却是软糯Q弹，仿佛舌尖上跳起了华尔兹。每一口都是对味觉的极致宠溺，甜而不腻，油香四溢，简直是幸福感的代名词！

秘诀在于那恰到好处的糖油比例，师傅们的手法如同魔术师，让平凡的面团变身成令人惊艳的美食艺术品。

搭配一杯冰凉的酸梅汤，解腻又提神，简直是夏日里的小确幸！

不论是作为早餐的甜蜜开场，还是作为夜宵时分的温馨陪伴，糖油粑粑总能给你带来满满的幸福感。快来一起感受这份来自湖南的甜蜜暴击吧！

＃湖南小吃＃＃糖油粑粑＃＃美食探店＃

5.3.6　用AI生成小红书萌宠趣事类笔记

扫码看教学视频

AI能帮助运营者记录下萌宠的趣事，将一段简短的文字描述转化为一篇有趣、精美的笔记，让读者都能感受到那份来自宠物世界的纯真与美好，相关案例如下。

提示词

假设你是一位萌宠博主，专门在小红书平台上分享自己与猫猫的日常趣事，请以"我与猫猫的日常生活"为题，写一篇萌宠趣事类笔记，字数不超过500字

通义

【我与猫猫的日常生活】

每天醒来，第一缕阳光总是伴随着"喵喵"的温柔呼唤，那是我家小主子——奶球，用它那毛茸茸的小脑袋轻蹭我的手，告诉我："早安，铲屎官，该起床陪我玩啦！"

早餐时间，奶球会优雅地坐在餐桌旁，眼神里满是期待，仿佛在说："给我留一口小鱼干嘛～"我只好偷偷给它一块，看它满足地眯起眼，那一刻，心都化了。

午后，阳光正好，奶球最爱的就是窝在窗边，团成一个毛茸茸的球，半眯着眼享受日光浴。偶尔，一片落叶飘过，它还会猛地抬头，一脸惊讶，样子萌翻了！

傍晚，我们的游戏时间开始！捉迷藏、激光笔追逐，奶球灵活得像个小精灵，家里的每个角落都充满了我们的欢声笑语。每当它成功"捕获"红点，那得意的小表情，简直能治愈一切疲惫。

93

夜幕降临，奶球依偎在我身旁，发出轻轻的呼噜声，那是它最安心的模样。我轻抚着它柔软的毛发，心中满是感激——有你陪伴的每一天，都是最幸福的日常。

#萌宠日常##猫奴的幸福##奶球的小确幸#

5.3.7 用AI生成小红书母婴产品推荐类笔记

扫码看教学视频

在当今快节奏的生活中，每一位新手爸妈都在寻找最适合自己宝宝的产品。小红书作为备受年轻父母喜爱的生活方式平台，已经成为一个分享育儿心得和产品推荐的重要社区。随着人工智能技术的发展，运营者可以借助AI的力量来帮助撰写更具吸引力的母婴产品推荐笔记，相关案例如下。

💬 提示词

请帮我写一篇关于婴儿奶瓶的小红书种草笔记

📶 天工AI

标题：

宝贝的甜蜜饮品站！这款奶瓶让我秒变超级奶妈

正文：

Hey宝妈宝爸们，今天要跟你们安利一个我家小宝贝超爱的神器——【梦幻星空奶瓶】，自从用了它，喂奶时间都变得温馨又轻松啦！

首先，颜值爆表警告！这奶瓶简直是艺术品，透明的瓶身上点缀着璀璨的星星图案，每次冲奶都像是在调制一杯银河特饮，让宝宝的每一餐都充满仪式感。

材质安全，妈妈放心！它采用的是高硼玻璃+食品级硅胶，耐高温又防摔，即使是粗心大意的我也能安心使用。而且，清洗起来超级方便，一冲即净，没有藏污纳垢的烦恼。

宽口径设计，泡奶不手抖！以前用窄口奶瓶，每次倒奶粉都怕洒出来，现在好了，宽宽的瓶口，一勺一勺加得稳稳当当，泡奶效率直线上升！

仿真奶嘴，宝宝爱上喝奶！这款奶瓶的奶嘴超级柔软，模拟妈妈乳房的触感，宝宝吸吮起来毫无压力，每次喝奶都超享受，看得我心都要化了~

……（略）

5.3.8 用AI生成小红书职场面试技巧类笔记

扫码看教学视频

小红书作为一个汇聚了无数职场达人和求职者经验分享的社交平台，已经成为求职者们获取面试技巧和策略的重要渠道之一。AI可以分析和总结成功的面试案例，根据最新的行业趋势和个人背景定制个性化的面试建议，帮助运营者创作实用、有效的职场面试技巧类笔记，相关案例如下。

提示词

你是一位专门分享职场面试技巧类笔记的小红书运营者，现在请你为刚毕业的大学生创作一篇以"面试技巧及注意事项"为题的笔记，字数不超过500字

秘塔AI搜索

标题：

毕业生必看！面试技巧&注意事项大公开

Hey毕业生们！踏入职场的第一步，面试至关重要！这里有几个超实用技巧&注意事项，助你脱颖而出！

1.充分准备：提前研究公司背景、产品，准备几个有深度的问题展现你的兴趣。

2.简历倒背如流：确保你对经历、项目细节烂熟于心，面试官提问时能自信回答。

3.着装得体：第一印象十分重要！根据公司文化，选择职业装或商务休闲装，展现你的专业与尊重。

4.练习自我介绍：简短有力，突出个人优势与岗位匹配度，让面试官一眼记住你。

……（略）

第 6 章

图片生成：AI提升小红书视觉内容的吸引力

在小红书这个视觉为王的社区里，一张吸引人的图片胜过千言万语。随着人工智能技术的不断进步，AI辅助图片创作正逐渐成为运营者创作的新宠。本章将走进AI与视觉艺术结合的世界，探索如何利用AI技术激发创意灵感，提升小红书图片内容的创作效率和质量。

6.1 AI小红书图片生成技术的原理与工具

在小红书内容创作的世界里，视觉元素的重要性不言而喻，本节将深入阐述AI如何颠覆传统的小红书图片创作方式。首先，从AI图像生成技术的基础原理讲起，阐述AI如何利用深度学习等技术生成高质量的小红书图像内容；其次，探讨AI在图片创作中的独特优势；最后，介绍几款市面上流行的AI图片生成工具，帮助运营者在小红书内容创作中快速上手，创作出令人印象深刻的视觉效果。

6.1.1 AI图像生成技术全面概览

扫码看教学视频

AI图像生成技术是一种利用人工智能算法自动创建图像的技术，它通常基于深度学习模型，能够分析现有图像数据并学习其特征，然后生成新的、逼真的小红书图像内容。下面是AI图像生成技术的几个关键点。

（1）技术基础：AI图像生成技术通常基于深度学习模型，如生成对抗网络、变分自编码器和自回归模型等。

（2）生成对抗网络：由两个网络组成，一个生成器和一个判别器，它们相互竞争，以提高生成图像的质量。

（3）扩散模型：一种生成模型，通过向原始图像添加噪声并逐步还原，学习接受文本提示并创建图像。

（4）风格迁移：AI技术能够将一种艺术风格或纹理应用到另一幅图像上，实现风格迁移效果。

（5）文本到图像：一些AI系统能够根据文本描述生成图像，如文心一格，可以根据文本提示词创建逼真的小红书图像。

（6）图像字幕技术：AI图像生成技术还可以生成图像的文本描述，帮助计算机"理解"图像内容。

AI图像生成技术正在迅速发展，为小红书内容创作领域带来了新的可能性，同时也引发了关于版权、伦理和真实性的讨论。随着技术的不断成熟，人们可以期待在未来看到更多创新的应用出现。

6.1.2 AI在图片内容创作中的长处

扫码看教学视频

在视觉艺术与技术的交汇点上，人工智能正以其独特的优势重塑小红书图片内容创作的领域。AI在图片内容创作中的长处主要体现在以下几个方面。

（1）创意激发：AI技术通过深度学习算法能够捕捉和再现艺术风格，帮助运营者拓展新的小红书内容题材，提供无限灵感。

（2）效率提升：AI可以快速生成大量小红书图片，极大地提高内容生产的效率。

（3）个性化定制：AI的数据分析能力为运营者带来了前所未有的洞察力，使其能够紧跟潮流，生成个性化的小红书图片，满足市场和个人表达的双重需求。

（4）成本降低：与传统的小红书摄影和图像编辑相比，AI图片生成技术可以显著降低制作成本。

（5）技术门槛降低：AI使得没有受过专业训练的运营者也能创作出高质量的小红书图片。

6.1.3　几种实用的AI图片生成工具

扫码看教学视频

在AI图片生成工具的多彩世界里，运营者们发现了一片新天地，这些工具以其强大的算法和用户友好的界面正在改变人们对视觉内容创作的认知。

从简单的文本提示到复杂的视觉场景，AI图片生成工具能够迅速将创意构想转化为视觉图像，极大地丰富了艺术表达的可能性。下面介绍几种常用的AI图片生成工具，帮助运营者实现个性化和高效率的小红书图片创作。

1. 文心一格

文心一格是百度公司推出的一款基于人工智能技术的图片生成工具，它采用了深度学习技术中的GAN来实现小红书图片生成。运营者只需输入一段文字描述或上传一张参考图，文心一格就能快速生成符合要求的小红书图片或画作。这项技术的出现极大地拓展了创意设计的可能性，降低了艺术创作的门槛，让更多的运营者能够享受创作的乐趣。在小红书图片创作中，文心一格的作用主要体现在以下几个方面。

（1）丰富内容形式：文心一格支持多种风格和元素的图片生成，使小红书内容形式更加多样化。

（2）海报创作和图片扩展：文心一格推出了海报创作、图片扩展以及提升图片清晰度等功能，为运营者提供更便捷、优质的生图服务。

2. 剪映

剪映是一款由抖音官方推出的视频剪辑应用，具有全面的图片编辑功能，包括裁剪、旋转、调整，以及亮度、对比度更改等，适用于小红书的图片创作。和文心一格一样，剪映也具备文生图、图生图的强大功能，为运营者的图文创作提供了便利。在小红书图片创作中，剪映的作用主要体现在以下几个方面。

（1）丰富的素材库：剪映提供了60多种字体、丰富的贴纸和背景图，这些素材可以应用于小红书的图片创作中，为图片增添更多元素和细节。

（2）动画与GIF（Graphics Interchange Format，图形交换格式）制作：剪映的图片动画功能允许运营者将静态图片转换成动态效果或GIF动画，运营者可以利用这一功能制作出更具吸引力和趣味性的图片内容，吸引更多用户的关注和点赞。

3. 可灵

可灵是一款集成了AI图像和视频创作功能的创意生产力软件，为运营者提供创作灵感和工具支持，助力其提升创作效率。在小红书图片创作中，可灵的作用主要体现在以下几个方面。

（1）AI图像创作：可灵AI能够生成风格多样的精美图片，满足运营者对于不同风格和主题创作的需求。

（2）创作灵感：可灵AI的丰富素材库和强大的创作能力为运营者提供了源源不断的创作灵感。运营者可以在可灵平台上浏览和借鉴其他运营者的作品，从而激发自己的创作灵感，创作出更具创意和个性的图片内容。

4. 即梦

即梦是字节跳动公司旗下的剪映推出的一款生成式人工智能创作平台，其核心功能包括图片生成、智能画布和视频生成，旨在为运营者提供更加便捷、智能的创作体验。在小红书图片创作中，即梦的作用主要体现在以下几个方面。

（1）高效图片生成：即梦的图片生成功能，可以根据运营者的文字描述快速生成符合需求的小红书图片，大大提高了创作效率。运营者还可以利用即梦的图生图、一键做同款等功能对现有图片进行创意改造，生成更加独特的图片素材。

（2）个性化创作支持：即梦的智能画布功能，让运营者能够根据自己的需求自由抠图、重组图像，并重新绘制新的图像，满足个性化创作的需求。

6.2　AI 小红书图片生成的提示词技巧

本节将深入探讨如何利用AI技术创作引人注目的小红书图像内容。从构图提示词到风格提示词，逐一解析这些方法如何帮助运营者提升图片的美感、真实感、质感和个性化特征。通过这些提示词，AI不仅仅是一个工具，更是一个能够理解和实现运营者意图的伙伴，让每张图片都能清晰地传达其独特的信息和情感。

6.2.1　构图提示词：激发AI图片的视觉美感

构图是传统摄影创作中不可或缺的部分，它主要通过有意识地安排画面中的视觉元素来增强图片的感染力和吸引力。在AI绘画工具中使用构图提示词，可以描述取景方式，增强画面的视觉效果，传达独特的观感和意义，创作出精美的小红书图片。

例如，对称构图是指将被摄对象平分成两个或多个相等的部分，在画面中形成左右对称、上下对称或者对角线对称等不同形式，从而产生一种平衡和富有美感的画面效果，如图6-1所示。

图6-1　对称构图的效果

再例如，微距构图是一种专门用于拍摄微小物体的构图方式，主要目的是尽可能地展现主体的细节和纹理，以及赋予其更大的视觉冲击力，这种构图适用于花卉、小动物、美食或者生活中的小物品，效果如图6-2所示。

图6-2　微距构图的效果

6.2.2　摄影提示词：强化AI图片的真实感

在使用AI绘画工具时，运营者需要输入一些与所需绘制画面相关的提示词或短语，以帮助AI模型更好地确定主题和激发创意，创作出符合需求的小红书图片。

例如，焦距是指镜头的光学属性，表示从镜头到成像平面的距离，它会对照片的视角和放大倍率产生影响。35mm是一种常见的标准焦距，视角接近人眼所见，适用于生成人像、风景、街景等AI摄影小红书作品，效果如图6-3所示。

图 6-3 模拟 35mm 焦距生成的图片效果

再例如，曝光是指相机在拍摄过程中接收到的光线量，它由快门速度、光圈大小和感光度3个要素共同决定，曝光可以影响照片的整体氛围和情感表达。正确的曝光可以保证照片具有适当的亮度，使主体和细节清晰可见。例如，在使用AI绘画工具生成飞鸥图片时，可以添加"过曝""曝光补偿"等提示词，确保主体和细节在海面上得到恰当的曝光，使主体在海面上更明亮、更清晰，效果如图6-4所示。

图 6-4 飞鸥图片效果

6.2.3　细节提示词：提升AI图片的细腻质感

光线与色调都是AI绘画中非常重要的细节元素，它们可以呈现出很强的视觉吸引力，传达出运营者想要表达的情感。

例如，逆光是指从主体的后方照射过来的光线，在摄影中也称为背光。在AI绘画工具中，使用提示词"逆光"可以营造出强烈的视觉层次感和立体感，让物体的轮廓更加分明、清晰，效果如图6-5所示。

图 6-5　逆光效果

再例如，糖果色调是一种鲜艳、明亮的色调，常用于营造轻松、欢快和甜美的氛围感。糖果色调主要是通过增加画面的饱和度和亮度，同时减少曝光度来达到柔和的画面效果，通常会给人一种青春跃动和甜美可爱的感觉。

在AI绘画工具中，提示词"糖果色调"非常适合生成建筑、街景、儿童、食品、花卉等类型的照片。例如，在生成花卉图片时，添加提示词"糖果色调"生成的图片给人一种童话世界般的感觉，色彩丰富又不刺眼，效果如图6-6所示。

图 6-6　糖果色调效果

6.2.4　风格提示词：彰显AI图片的个性化风采

在AI绘画工具中使用风格提示词描述创意和艺术形式，可以让生成的小红书图片更具有美学风格和个人创造性。例如，极简主义是一种强调简洁、减少冗余元素的艺术风格，旨在通过精简的形式和结构来表现事物的本质和内在联系，让画面更加简洁，效果如图6-7所示。

图 6-7　极简主义风格的图片效果

在AI绘画工具中，极简主义风格的提示词包括简单、简洁的线条、极简色彩、负空间、极简静物等。

再例如，印象主义是一种强调情感表达和氛围感受的艺术风格，通常选择柔和、温暖的色彩和光线，在构图时注重景深和镜头虚化等视觉效果，以创造出柔和、流动的画面感，从而传递给用户特定的氛围和情绪，效果如图6-8所示。

图 6-8　印象主义风格的图片效果

6.2.5　出图提示词：确保AI图片的清晰呈现力

在使用AI绘画工具绘制小红书图片时，运营者可以输入一些出图指令和提示词描述图片的品质和渲染类型，以帮助AI更好地激发创意。

例如，在Midjourney中除了添加提示词外，还可以使用横纵比指令（如--ar 1:1）更改生成小红书图像的宽高比，让AI生成方图，效果如图6-9所示。

图 6-9　生成的方图效果

再例如，使用提示词"8K分辨率"可以让AI小红书绘画作品呈现出更为清晰流畅、真实自然的画面效果，并为用户带来更好的视觉体验。

在提示词"8K分辨率"中，8K表示分辨率高达7680像素×4320像素的超高清晰度，分辨率则用于再次强调高分辨率，从而让画面有较高的细节表现能力和视觉冲击力。使用提示词"8K分辨率"生成的小红书图片效果如图6-10所示。

图 6-10　添加提示词"8K 分辨率"生成的图片效果

又例如，"超清晰/超高清晰"这组提示词能够为AI绘画作品带来超越高清的极致画质和更加清晰、真实、自然的视觉感受。

在提示词"超高清晰"中，"超高"表示超级或极致，"清晰"则代表图片的清晰度或细节表现能力。使用提示词"超高清晰"，不仅可以让小红书图片呈现出非常锐利、清晰和精细的效果，还能细致入微地展现出更多的细节和纹理，效果如图6-11所示。

图 6-11　添加提示词"超高清晰"生成的图片效果

6.3　小红书图片内容创作实战

在数字化时代，AI绘画工具正以其独特的魅力和创新能力重塑着小红书图片内容创作的方式。本节将带领读者深入探索如何利用先进的AI绘画工具实现从灵感到视觉艺术的快速转换，通过一系列实战案例，将展示如何运用文心一格、剪映、可灵以及即梦等AI绘画工具为运营者创造出令人惊叹的视觉效果，提升小红书内容的生产效率，增强用户的黏性。

6.3.1　运用文心一格以文生图：《国风美学》

在手机上使用文心一格小程序可以实现以文生图，轻松地将自己输入的文字描述转化为独特的小红书艺术作品，效果如图6-12所示。

扫码看教学视频

下面介绍运用文心一格以文生图的操作方法。

图 6-12　效果展示

步骤01　打开文心一格小程序，点击"AI创作"按钮，如图6-13所示。

步骤02　执行操作后，进入"AI创作"界面，在"AI绘画"选项卡中输入相应的提示词，如图6-14所示。

图 6-13　点击"AI 创作"按钮

图 6-14　输入相应的提示词

步骤03　设置"尺寸"为"方图"，点击"立即生成"按钮，进入"预览图"界面，生成4张图片，选择相应的图片，点击"提升分辨率"按钮，如图6-15所示。

步骤04 执行操作后，即可提升图像的分辨率，并保存所选的图像，如图6-16所示。

图 6-15　点击"提升分辨率"按钮　　　　图 6-16　提升图像的分辨率

6.3.2　运用文心一格以图生图：《绘本插画》

扫码看教学视频

在文心一格小程序中可以上传参考图，实现以图生图，快速复刻小红书图片内容，原图与效果对比如图6-17所示。

图 6-17　原图与效果对比

下面介绍运用文心一格以图生图的操作方法。

步骤01 进入文心一格小程序的"AI 创作"界面，输入相应的提示词，设置"尺寸"为"方图"，点击"参考图"下方的■按钮，如图6-18所示。

步骤02 执行操作后，在下方弹出的列表框中选择"从相册选择"选项，如图6-19所示。

步骤03 执行操作后，进入手机相册，选择相应的参考图，选中"原图"单选按钮，点击"完成"按钮，如图6-20所示。

步骤04 执行操作后，即可上传参考图，设置"影响比重"为6，适当增加参考图对AI的影响，如图6-21所示。

步骤05 点击"立即生成"按钮，即可根据参考图生成4张类似的图片，选择想要的一张效果图，点击"提升分辨率"按钮，如图6-22所示。

步骤06 执行操作后，即可生成一张清晰、美观的效果图，点击"下载"按钮，如图6-23所示，即可将其保存到手机相册。

图 6-18　点击相应按钮

图 6-19　选择"从相册选择"选项

图 6-20　点击"完成"按钮

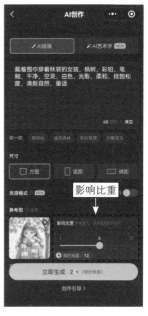

图 6-21　设置"影响比重"参数

图 6-22　点击"提升分辨率"按钮

图 6-23　点击"下载"按钮

6.3.3　运用剪映以文生图：《未来科幻》

利用手机上的剪映应用，运营者可以轻松实现以文生图的创意功能，将个性化的文字描述直接转化为别具一格的小红书风格艺术作品，效果如图6-24所示。

扫码看教学视频

图 6-24　效果展示

下面介绍运用剪映以文生图的操作方法。

步骤01 打开剪映，进入"剪辑"界面，点击"AI作图"按钮，如图6-25所示。

步骤02 执行操作后，进入"创作"界面，在提示词面板中输入相应的提示词，点击"立即生成"按钮，如图6-26所示。

步骤03 稍等片刻，剪映会生成4张效果图，如图6-27所示。

步骤04 选择一张想要的效果图，点击"下载"按钮，如图6-28所示，即可将其保存到手机相册。

图 6-25　点击"AI 作图"按钮

图 6-26　点击"立即生成"按钮

图 6-27　剪映生成 4 张效果图

图 6-28　点击"下载"按钮

6.3.4 运用剪映以图生图：《爵士风格》

在剪映中使用AI特效功能进行以图生图时会有随机的提示词，生成的图片效果也是随机的，原图与效果对比如图6-29所示。

图 6-29 原图与效果对比

下面介绍运用剪映中的AI特效以图生图的操作方法。

步骤01 打开剪映，进入"剪辑"界面✂，点击"展开"按钮，如图6-30所示，即可展开功能面板。

步骤02 在面板中点击"AI特效"按钮，如图6-31所示。

图 6-30 点击"展开"按钮　　　　图 6-31 点击"AI 特效"按钮

★ 专家提醒 ★

使用 AI 特效功能生成的图片的比例是不能改变的，以原图的比例为依据。

步骤 03 执行操作后，进入"最近项目"界面，在其中选择一张图片，如图6-32所示。

步骤 04 执行操作后，进入"AI特效"界面，在"请输入描述词"面板中会有随机的提示词（也称描述词），点击"随机"按钮，可以更换提示词，设置"相似度"参数为40，点击"立即生成"按钮，如图6-33所示，即可以图生图。

图 6-32 选择一张图片

图 6-33 点击"立即生成"按钮

步骤 05 生成相应的图片之后，点击█按钮，如图6-34所示，即可查看前后效果对比，如果对效果不满意，还可以继续点击"立即生成"按钮生成新的图片。

步骤 06 点击"保存"按钮，如图6-35所示，即可将其保存到手机相册。

图 6-34 点击相应按钮

图 6-35 点击"保存"按钮

6.3.5 运用可灵以文生图：《抹茶冰淇淋》

借助快影"AI作图"的"文生图"功能，可以使用文本信息快速生成可灵AI的图片效果，效果如图6-36所示。

图 6-36 效果展示

★ 专家提醒 ★

可灵 AI 分为两个版本，一个是手机版的快影"AI 作图"，另一个是网页版，这两个版本都可以进行文生图和图生图。

下面介绍运用快影的可灵AI以文生图的操作方法。

步骤 01 打开快影，点击"剪辑"界面中的"AI创作"按钮，如图6-37所示，进行界面的切换。

步骤 02 进入"AI创作"界面，点击"AI作图"板块中的"立即体验"按钮，如图6-38所示，打开可灵AI的手机版本。

步骤 03 进入"AI作图"界面中的"自由创作"选项卡，点击"生成风格"区域中的"油画笔触"按钮，如图6-39所示。

步骤 04 点击"画面关键词"下面的输入框，输入相应的提示词（可灵也称关键词），如图6-40所示，描述图片的内容。

图 6-37　点击"AI 创作"按钮

图 6-38　点击"立即体验"按钮

图 6-39　点击"油画笔触"按钮

图 6-40　输入相应的提示词

步骤05 点击界面中的"生成图片"按钮，如图6-41所示，进行图片的生成。

步骤06 执行操作后，即可生成4张效果图，如图6-42所示。

图 6-41　点击"生成图片"按钮

图 6-42　可灵 AI 生成 4 张效果图

步骤07 选择想要的效果图，点击下载按钮■，如图6-43所示，即可将所选效果图保存到手机相册。

步骤08 点击"展示更多"按钮，如图6-44所示，可灵AI会重新生成4张效果图。

图 6-43　点击下载按钮

图 6-44　点击"展示更多"按钮

6.3.6　运用可灵以图生图：《新中式美女》

扫码看教学视频

借助快影"AI作图"的"图生图"功能，运营者只需上传图片，即可将上传的图片作为素材，生成新的效果图，效果如图6-45所示。

图 6-45　效果展示

下面介绍运用快影的可灵AI以图生图的操作方法。

步骤01 打开快影，进入"AI作图"的"自由创作"选项卡，点击"定制头像"按钮，如图6-46所示，进行选项卡的切换。

步骤02 切换至"定制头像"选项卡，点击"生成风格"区域中的"新中式"按钮，如图6-47所示。

步骤03 点击"画面关键词"下面的输入框，输入相应的提示词（可灵也称关键词），如图6-48所示，描述图片的内容。

步骤04 点击"选择人像照片"按钮，跳转至"相册"界面，选择一张人像照片，点击"选好了（1）"按钮，如图6-49所示，进行图片的生成。

图 6-46　点击"定制头像"按钮

图 6-47　点击"新中式"按钮

图 6-48　输入相应的提示词

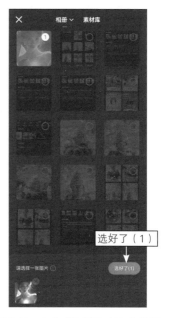

图 6-49　点击"选好了（1）"按钮

步骤 05 执行操作后，即可生成4张效果图，如图6-50所示。

步骤 06 选择想要的效果图，点击下载按钮 ，如图6-51所示，即可将其保存到手机相册。

图 6-50　可灵 AI 会生成 4 张效果图

图 6-51　点击下载按钮

6.3.7　运用即梦以文生图：《国画水墨》

"文生图"是即梦"AI作图"功能中的一种绘图模式，在该模式下，运营者可以通过选择不同的模型、填写提示词（即梦也称描述词）和设置参数来生成想要的小红书图像，效果如图6-52所示。

图 6-52　效果展示

下面介绍运用即梦以文生图的操作方法。

步骤01 进入即梦的官网首页，在"AI作图"选项区中单击"图片生成"按钮，如图6-53所示。

图 6-53　单击"图片生成"按钮

步骤 02 执行操作后，进入"图片生成"页面，输入相应的提示词，用于指导AI生成特定的图像，如图6-54所示。

图 6-54 输入相应的提示词

步骤 03 单击"立即生成"按钮，即可生成4张图片，效果如图6-55所示，单击相应的图片，可以查看大图效果。

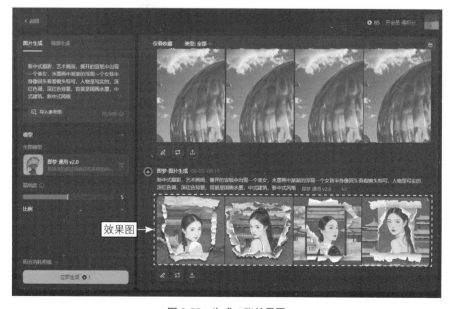

图 6-55 生成 4 张效果图

6.3.8　运用即梦以图生图：《粉色小船》

即梦的"图生图"功能允许运营者上传图片素材，通过AI的想象力和创造力衍生出全新风格的图像，原图与效果对比如图6-56所示。

图 6-56　原图与效果对比

步骤01　进入"图片生成"页面，单击"导入参考图"按钮，如图6-57所示。

步骤02　执行操作后，弹出"打开"对话框，选择相应的参考图，如图6-58所示。

图 6-57　单击"导入参考图"按钮　　　　图 6-58　选择相应的参考图

步骤03　单击"打开"按钮，弹出"参考图"对话框，添加相应的参考图，选中"主体"单选按钮，如图6-59所示，系统会自动识别并选中图像中的主体对象。

步骤 04 单击"保存"按钮，即可上传参考图，输入相应的提示词，如图6-60所示，用于指导AI生成特定的图像。

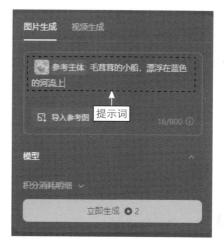

图 6-59　选中"主体"单选按钮　　　　　图 6-60　输入相应的提示词

步骤 05 单击"立即生成"按钮，即可生成相应的图像，画面中的主体不变，但背景会根据提示词产生改变，效果如图6-61所示。

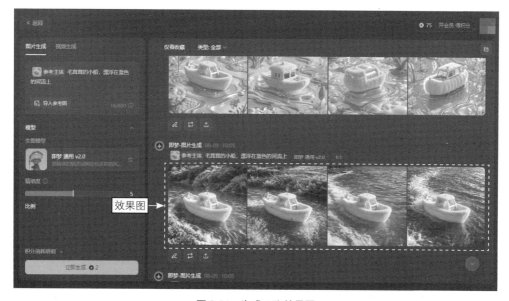

图 6-61　生成 4 张效果图

第 7 章

视频制作：AI打造小红书视听双重盛宴

　　AI辅助小红书视频创作，不仅提升了视频内容生产的效率，也丰富了创意表达的维度，让视频制作变得更加便捷和智能，帮助运营者更加专注于内容的创意和深度。本章将着重介绍如何运用AI工具激发视频创作的灵感火花，快速打造出高质量的小红书视频作品。

7.1 AI小红书视频生成技术的原理与工具

在当今这个信息爆炸的时代，小红书成为人们获取信息和表达观点的重要平台，而AI技术的飞速发展为小红书视频内容的生成带来了前所未有的变革。

本节将深入探讨AI小红书视频生成技术的原理与工具，从技术层面解析AI如何助力小红书视频内容的创作与传播；接着探讨AI技术在小红书领域的作用；最后介绍几种实用的AI视频生成工具，展示它们如何简化视频制作流程，让运营者能够更加专注于创意的表达。

7.1.1 AI视频生成技术全面概览

扫码看教学视频

AI视频生成技术是一种利用人工智能算法从文本、图像、音频或其他模态数据自动生成视频内容的技术，它通常涉及以下几个关键方面。

（1）深度学习和计算机视觉：AI视频生成技术基于先进的深度学习模型，特别是卷积神经网络（Convolutional Neural Networks，CNN）等来识别和理解视频中的视觉元素。

（2）视频超分辨率：通过深度学习模型，将低分辨率视频内容提升到更高分辨率，以增加视频的清晰度和细节。

（3）视频修复：使用AI技术对损坏或低质量的视频进行修复，恢复或增强其原始质量。

（4）生成对抗网络：GAN可以根据已有的视频帧预测并生成接下来的视频帧，也可以将一种视频的风格迁移到另一种视频上，创造出全新的视觉效果。

（5）文本到视频的转换：利用自然语言处理技术，根据文本描述自动生成相应的小红书视频内容。

（6）自动化视频编辑：AI可以自动剪辑和拼接视频片段，创造出流畅和有意义的视频叙事。

（7）风格转换和特效添加：AI技术可以应用于视频风格转换，如将一段小红书视频转换成不同的艺术风格，或者添加特效。

AI视频生成技术为小红书视频的生成提供了强大的技术支持，改变了小红书视频内容的创作方法，帮助运营者更轻松、更高效地创作高质量的小红书视频内容。

7.1.2 AI视频生成对于小红书的作用

扫码看教学视频

AI视频生成技术正成为小红书内容创作的重要工具，帮助运营者以更高效、低成本的方式创作出高质量的小红书视频内容，增强其在竞争激烈的媒体环境中的竞争力。AI在视频内容创作中的优势主要体现在以下几个方面。

（1）丰富内容形式：AI视频生成技术可以提供多样化的视频形式，如自动剪辑、风格转换、动态捕捉等，丰富了小红书内容的表现形式。

（2）提高内容质量：AI视频生成技术通过智能算法优化视频剪辑、色彩调整、特效添加等，提升小红书视频内容的整体质量。

（3）增强互动性和参与感：AI视频生成技术可以制作互动式视频，提高用户的参与度和互动体验，从而增加小红书内容的吸引力。

（4）快速响应热点：AI视频生成技术能够快速捕捉和响应社会热点，帮助运营者及时制作并发布相关内容，抓住时效性。

（5）多平台适配：AI技术可以帮助运营者制作适合不同平台播放的视频内容，提高内容的传播效率。

（6）创新商业模式：AI视频生成技术的引入为小红书提供了新的商业模式，如通过AI技术制作个性化视频广告、定制化视频内容等，为运营者开辟了多元化的盈利渠道。

7.1.3 几种实用的AI视频生成工具

扫码看教学视频

在人工智能的浪潮中，小红书视频制作领域也迎来了革命性的变化。AI视频生成工具以其高效的生产能力和创新的创作方式成为运营者的新宠。这些工具利用深度学习算法，能够快速生成高质量的小红书视频内容，从简单的动画到复杂的场景模拟，无所不能，它们不仅能够节省大量的时间和成本，还能提供个性化的定制服务，满足不同运营者的需求。

下面将探讨几种实用的AI视频生成工具，揭示它们如何改变视频制作的未来，助力运营者创作个性化和丰富的小红书视频内容。

1. 剪映

剪映是一款功能全面的手机视频编辑应用，由抖音官方推出，为运营者提供了一个简单易用、功能全面的视频编辑平台，大大提升了小红书视频制作的效率和质量，其作用主要体现在以下几个方面。

（1）全面的视频编辑功能：剪映提供切割、变速、倒放、比例调整、转场效果、贴纸、字体选择、曲库资源、变声效果等基础视频编辑功能。

（2）海量素材库：剪映专业版拥有强大的素材库，包括音频、花字、特效、滤镜等，实时更新，以满足运营者的不同创作需求。

（3）模板创作：提供简单、易用的模板视频创作工具，满足运营者的需求。

2. 可灵

可灵作为快手AI团队推出的视频生成大模型，为运营者提供了文生视频、图生视频，以及视频续写等功能，在小红书视频创作中发挥着重要作用，主要体现在以下几个方面。

（1）丰富创作形式：可灵支持图生视频和视频续写功能，运营者可以根据文本内容或静态图像生成生动的视频，为小红书平台上的视频创作增添了更多可能性。

（2）提升视频质量：可灵生成的视频质量高，分辨率可达1080p，且支持多种视频格式和时长。

（3）推动内容多样化：可灵的应用使得小红书上的视频内容更加多样化。运营者可以尝试不同的视频风格和主题，以满足不同用户的需求和喜好。

3. 即梦

即梦支持通过自然语言及图片输入生成高质量的小红书图像和视频，为运营者提供了一个简单、快捷、高效的小红书视频内容生成工具，使得运营者可以轻松创作出具有吸引力的视频素材，满足小红书平台和用户的内容需求。即梦在视频生成中的作用主要体现在以下几个方面。

（1）AI视频生成：即梦支持图生视频和文生视频，即可以通过上传图片或输入文本提示词来生成视频。图7-1所示为即梦的"视频生成"功能。

图 7-1 即梦的"视频生成"功能

（2）编辑功能：提供运镜控制、视频比例调整、运动速度设置等编辑功能，允许运营者对生成的视频进行进一步的调整和优化。

（3）精准理解中文：即梦对中文提示词有精准的理解能力，可以将运营者的抽象思路迅速转化为精彩的视觉作品。

7.2 AI 小红书视频生成的提示词技巧

AI视频生成工具为运营者提供了无限的创作可能性。为了充分发挥其创作潜力，精心构思并编写既精准又充满想象力的提示词成为不可或缺的关键步骤。

本节将介绍AI小红书视频生成的提示词技巧，旨在助力运营者更加精准、高效地利用AI视频生成工具创作出既符合自身需求又能够吸引大量用户的小红书视频内容。

★ 专 家 提 醒 ★

需要注意的是，本节所展示的示例效果均来源于 Sora 官方发布的演示视频。Sora 是由 OpenAI 公司开发的一款 AI 视频生成模型，它能够根据用户的文本描述生成时间长达 60 秒、分辨率高达 1080p 的高质量视频。

7.2.1 精确定义视频内容要素

在使用AI生成视频时，编写明确且具体的提示词对于生成符合预期的小红书视频内容至关重要。为了确保模型能够准确地捕捉运营者的意图并生成相应的视频，运营者需要在提示词中明确描述自己想要的视频元素，如人物、动作、环境等。

扫码看教学视频　扫码看案例效果

例如，在下面视频的提示词中成功地构建了一个生动、壮观的场景"数只巨大的长毛猛犸象在雪地中漫步"，这样的描述为AI视频生成工具提供了足够明确的信息，从而让它生成符合提示词预期的小红书视频内容，相关示例如图7-2所示。

图 7-2　数只在雪地中漫步的长毛猛犸象

7.2.2　深入描绘场景特征

扫码看教学视频　扫码看案例效果

在AI视频生成工具的提示词描述中应尽可能地详细描述场景的每个细节，包括颜色、光线、纹理等。例如，一个20多岁的年轻人坐在地上看书，天空中有一片云，相关示例如图7-3所示。

图 7-3　一个 20 多岁的年轻人坐在地上看书

从该图中可以看到，视频提示词的描述有助于AI视频生成工具更好地理解和生成视频中的细节。

7.2.3　巧妙运用提示词激发创意

扫码看教学视频　扫码看案例效果

AI视频生成工具鼓励运营者发挥创造力，在提示词中尝试新的组合和创意，激发模型的想象力，生成非常有趣的视频效果，相关示例如图7-4所示。在本例中，"逼真的海盗船近距离视频，两艘海盗船在航行中互相交战"提示词充满了创意和想象力，鼓励AI探索一个全新的场景。

图 7-4　海盗船激战瞬间

实际上，这样复杂的提示词对于AI而言无疑是一个挑战，因为它不仅要求模型能够深入理解并融合多个不同元素，还要在整合过程中保持逻辑上的连贯性和视觉上的和谐统一。

然而，这种挑战也为AI模型提供了发挥创造力的机会，鼓励它生成更加独特和有趣的小红书视频内容，为用户带来全新的视觉享受。

7.2.4　打造引人入胜的角色与故事

在编写AI视频生成工具的提示词时，运营者可以构思一些引人入胜的角色和情节。一个吸引人的视频往往围绕着有趣、独特且情感丰富的角色展开，这些角色在精心设计的情节中展现出各自的魅力和故事，相关示例如图7-5所示。

扫码看教学视频　扫码看案例效果

图7-5　一只猫叫醒正在睡觉的主人

在本例中，提示词"一只猫叫醒熟睡的主人，要求吃早饭。主人试图忽略这只猫，但猫尝试了新的策略，最终主人从枕头下拿出了一堆零食，让猫多待一会儿"构思了一个温馨而欢乐的家庭场景，其中包含了吸引人的角色和有趣的情节。

7.2.5　采用分步引导法构建有效提示

使用逐步引导的方式构建提示词，先描述整体场景和背景，再逐步引入角色、动作和情节，这种方式可以帮助AI视频生成工具更好地理解运营者的意图，并生成更加符合期望的小红书视频内容，相关示例如图7-6所示。

扫码看教学视频　扫码看案例效果

在本例中，使用这种逐步引导的提示词"在一个华丽的历史大厅里，一股巨大的潮汐达到顶峰并开始撞击。两名冲浪者抓住时机，熟练地驾驭着海浪"，AI在生成视频时会呈现出如图7-6所示的效果。

图 7-6　冲浪者在历史大厅中驾驭巨浪

7.3　AI 小红书视频内容创作实战

AI技术正以其独特的魅力重塑着小红书视频创作的生态。本节将带领读者着重探讨如何利用AI视频生成工具实现小红书视频的快速生成，并通过一系列实战案例展示如何运用剪映、可灵、即梦等AI视频生成工具为运营者提供前所未有的便利，也为用户带来更加丰富多元的视觉享受。

7.3.1　借助剪映以文生视频：《新疆风光》

剪映支持以文生视频，在"图文成片"中，运营者只需要输入提示词，选择"智能匹配素材"，即可在短时间内快速生成一个完整的视频，效果如图7-7所示。

扫码看教学视频　扫码看案例效果

图 7-7　效果展示

下面介绍运用剪映智能匹配素材以文生视频的操作方法。

步骤01 打开剪映，进入"剪辑"界面✂，点击"图文成片"按钮，如图7-8所示。

步骤02 进入"图文成片"界面，点击"自由编辑文案"按钮，如图7-9所示。

图 7-8 点击"图文成片"按钮

图 7-9 点击"自由编辑文案"按钮

步骤 03 进入相应界面，输入相应的提示词，点击"应用"按钮，如图7-10所示。

步骤 04 执行操作后，弹出"请选择成片方式"面板，选择"智能匹配素材"选项，如图7-11所示。

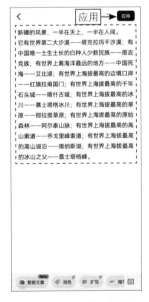

图 7-10 点击"应用"按钮

图 7-11 选择"智能匹配素材"选项

步骤 05 稍等片刻，即可生成一段视频，点击"导出"按钮，如图7-12所示。

步骤 06 执行操作后，即可将生成的视频保存到相册和草稿，如图7-13所示，运营者还可以将视频分享到抖音平台和西瓜视频平台上。

图 7-12 点击"导出"按钮

图 7-13 将视频保存到相册和草稿

7.3.2 借助剪映以图生视频：《可爱小狗》

剪映支持以图生视频，在"图文成片"中，运营者只需要手动添加手机本地相册中的图片素材，即可在短时间内快速生成一个完整的视频，效果如图7-14所示。

扫码看教学视频 扫码看案例效果

图 7-14 效果展示

下面介绍运用剪映使用本地素材以图生视频的操作方法。

步骤01 打开剪映，进入"剪辑"界面✂️，点击"图文成片"按钮，即可进入"图文成片"界面，输入相应的提示词，点击"应用"按钮，如图 7-15 所示。

步骤02 弹出"请选择成片方式"面板，选择"使用本地素材"选项，如图7-16所示。

步骤03 执行操作后，即可生成一段视频，点击视频空白处的"添加素材"按钮，如图7-17所示。

步骤04 弹出相应的界面，切换至"照片视频"|"照片"选项卡，选择第1张小狗图片，

图 7-15　点击"应用"按钮

图 7-16　选择"使用本地素材"选项

如图7-18所示，即可将所选的图片素材添加到视频空白处。

图 7-17　点击"添加素材"按钮

图 7-18　选择第 1 张小狗图片

步骤05 点击第2段空白处，如图7-19所示，选择第2张小狗图片。

步骤06 使用同样的操作，为其他空白处选择不同的小狗图片，如图 7-20 所示。

图7-19 点击第2段空白处

图7-20 选择不同的小狗图片

步骤07 点击▢按钮，确认更改，点击"主题模板"按钮，在弹出的"横屏"选项卡中选择"情感鸡汤"主题模板，如图7-21所示。

步骤08 执行操作后，即可完成主题模板的选择，点击"导出"按钮，如图7-22所示，导出视频。

图7-21 选择"情感鸡汤"主题模板

图7-22 点击"导出"按钮

7.3.3　借助可灵以文生视频：《搞笑兔子》

借助快影"AI生视频"的"文生视频"功能，可以使用文本信息快速生成可灵AI的视频，效果如图7-23所示。

图 7-23　效果展示

下面介绍运用快影的可灵AI以文生视频的操作方法。

步骤 01 打开快影，点击"剪辑"界面中的"AI创作"按钮，如图7-24所示，进行界面的切换。

步骤 02 进入"AI创作"界面，点击"AI生视频"板块中的"生成视频"按钮，如图7-25所示，进入可灵AI的手机版本。

图 7-24　点击"AI 创作"按钮　　　图 7-25　点击"生成视频"按钮

步骤03 进入"AI生视频"界面中的"文生视频"选项卡，点击"文字描述"下方的输入框，如图7-26所示。

步骤04 输入相应的提示词，如图7-27所示，描述视频的内容。

图 7-26　点击"文字描述"下方的输入框

图 7-27　输入相应的提示词

步骤05 根据自身需求设置视频质量、时长和比例等视频生成信息，如图 7-28 所示。

步骤06 点击界面中的"生成视频"按钮，如图 7-29 所示，进行视频的生成。

步骤07 执行操作后，会跳转至"处理记录"界面，并生成对应的视频，点击视频封面右侧的"预览"按钮，如图 7-30 所示。

步骤08 进入新的"AI生视频"界面，即可查看视频效果，如图 7-31 所示。

图 7-28　设置视频生成信息

图 7-29　点击"生成视频"
　　　　 按钮

图 7-30　点击"预览"按钮

图 7-31　查看生成的视频效果

7.3.4　借助可灵以图生视频：《漂亮蝴蝶》

借助快影"AI生视频"的"图生视频"功能，运营者只需上传图片，即可将上传的图片作为素材生成一段AI视频，效果如图7-32所示。

扫码看教学视频

扫码看案例效果

图 7-32　效果展示

下面介绍运用快影的可灵AI以图生视频的操作方法。

步骤01　打开快影，进入"AI生视频"的"文生视频"选项卡，点击"图生视频"按钮，如图7-33所示，进行选项卡的切换。

步骤02 切换至"图生视频"选项卡，点击"选择相册图片"按钮，如图7-34所示，进行图片素材的上传。

图 7-33 点击"图生视频"按钮　　　　图 7-34 点击"选择相册图片"按钮

步骤03 进入"相册"界面，选择需要上传的图片，如图7-35所示。

步骤04 执行操作后，会导入素材，并显示素材的导入进度，如图7-36所示。

步骤05 如果在"上传图片"板块中显示刚选择的图片素材，就说明图片素材上传成功，如图7-37所示。

步骤06 在上传的图片素材的下方输入视频内容的提示词，如图7-38所示。

步骤07 点击"高表现"按钮，如图7-39所示，即可进行

图 7-35 选择需要上传的图片　　　图 7-36 显示素材的导入进度

视频质量的设置。

步骤08 点击"生成视频"按钮，如图7-40所示，进行视频的生成。

步骤09 执行操作后，会跳转至"处理记录"界面，并生成对应的视频，点击视频封面右侧的"预览"按钮，如图7-41所示。

步骤10 进入新的"AI生视频"界面，即可查看视频效果，如图7-42所示。

图 7-37　图片素材上传成功

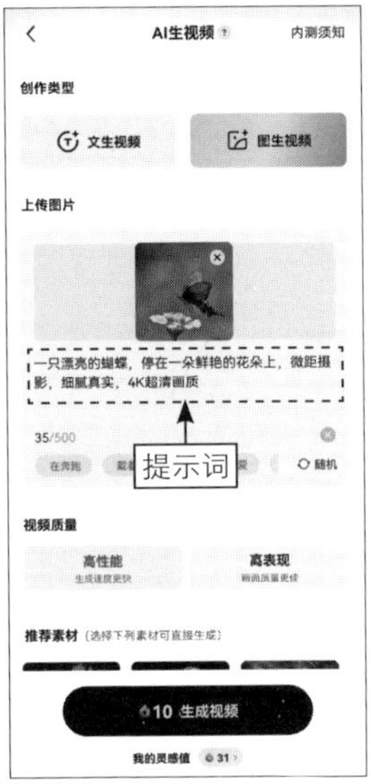

图 7-38　输入视频内容的提示词

图 7-39　点击"高表现"按钮

图 7-40　点击"生成视频"按钮

图 7-41　点击"预览"按钮

图 7-42　查看生成的视频效果

7.3.5　借助即梦以文生视频：《航空探索》

扫码看教学视频　扫码看案例效果

即梦的"文本生视频"功能以其简洁直观的操作界面和强大的AI算法为运营者提供了一种全新的视频创作体验。不同于传统的视频制作流程，运营者无须精通视频编辑软件或拥有专业的视频制作技能，只需要通过简单的文字描述，即可激发AI的创造力，生成一段引人入胜的小红书视频内容，效果如图7-43所示。

图 7-43　效果展示

下面介绍用即梦以文生视频的操作方法。

步骤01 进入即梦的官网首页，在"AI视频"选项区中单击"视频生成"按钮，如图7-44所示。

图 7-44　单击"视频生成"按钮

步骤02 执行操作后，进入"视频生成"页面，切换至"文本生视频"选项卡，输入相应的提示词（即梦也称描述词），如图7-45所示，用于指导AI生成特定的小红书视频。

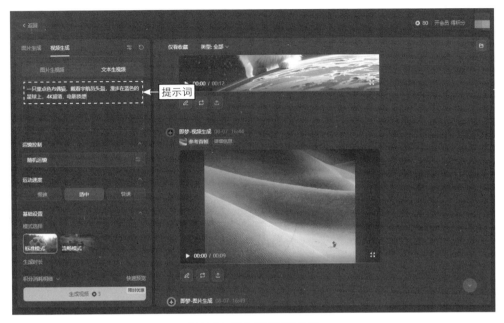

图 7-45 输入相应的提示词

步骤03 单击"生成视频"按钮，即可开始生成相应视频，并显示生成进度，如图7-46所示。

步骤04 稍等片刻，即可生成相应的视频效果，单击视频预览窗口右下角的■按钮，如图7-47所示，即可全屏预览视频。

图 7-46 显示生成进度

图 7-47 单击相应按钮

步骤05 单击视频预览窗口右上角的"收藏"按钮☆，如图7-48所示，即可收藏本条视频。

步骤 06 单击视频预览窗口右上角的"下载"按钮，如图7-49所示，即可下载本条视频。

图 7-48　单击"收藏"按钮

图 7-49　单击"下载"按钮

7.3.6　借助即梦以图生视频：《海上畅游》

即梦的"图片生视频"功能为运营者打造了一种前所未有的视频创作的便捷方式。与以往的视频制作流程不同，运营者只需要简单地上传一张图片素材，便能即刻激发AI的无限创意，自动生成丰富精彩的小红书视频内容，效果如图7-50所示，让视频创作变得轻松又高效。

扫码看教学视频　扫码看案例效果

图 7-50　效果展示

下面介绍使用即梦实现图生视频的操作方法。

步骤 01 进入"视频生成"页面的"图片生视频"选项卡，单击"上传图片"按钮，如图7-51所示。

步骤 02 弹出"打开"对话框，选择需要上传的图片素材，单击"打开"按钮，如图7-52所示。

步骤 03 执行操作后，如果"图片生视频"选项卡中显示图片信息，就说明图片素材上传成功了，如图7-53所示。

图 7-51　单击"上传图片"按钮

图 7-52　单击"打开"按钮

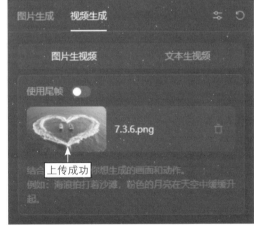

图 7-53　图片素材上传成功

步骤 04 在"图片生视频"选项卡中，单击"运镜控制"下方的"随机运镜"按钮，在弹出的"运镜控制"面板中设置"变焦"为"推近·小" 🔍，如图7-54所示，单击"应用"按钮，让镜头画面慢慢推近。

步骤 05 根据自身需求设置运动的速度，如设置"运动速度"为"适中"，如图7-55所示，即可完成视频生成信息的设置。

图 7-54 设置"随机运镜"选项

图 7-55 设置"运动速度"为"适中"

步骤06 在"图片生视频"选项卡下方单击"生成视频"按钮，如图7-56所示，进行视频的生成。

图 7-56 单击"生成视频"按钮

步骤07 执行操作后，系统会根据设置的选项和参数生成视频，在页面右侧可以预览生成的视频效果，如图7-57所示。视频生成成功后，运营者可以单击对应短视频封面右下角的⊞按钮全屏预览视频。

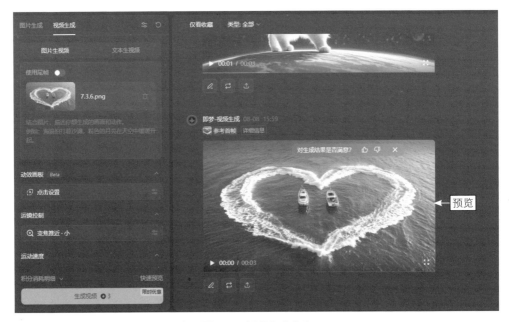

右侧标注：预览

图 7-57　视频生成成功

第8章

内容发布：小红书优化策略与时机选择

小红书内容发布策略与时机选择成为了运营者吸引流量、提升影响力的关键。掌握小红书的优化策略，意味着能够精准地触达目标用户，激发内容共鸣；而精准地把握发布时机，则能让优质内容在最佳时段脱颖而出，实现传播效果的最大化。本章将探讨小红书内容的优化策略与时机把握的艺术，助力运营者打造属于自己的流量蓝海。

8.1 小红书内容优化技巧

在小红书的广阔舞台上，每一篇笔记都是品牌与个人魅力的闪耀瞬间。对于运营者来说，掌握内容优化的精髓至关重要。本节将深入探索一系列小红书内容优化的精妙技巧，从标题到内容，从结构到关键词，助力运营者优化笔记内容，轻松打造小红书爆款笔记。

8.1.1 编写有吸引力的标题

扫码看教学视频

在小红书这样的社交平台上，用户面对海量的内容，标题往往是他们决定是否点击的第一要素。一个吸引人的标题能够迅速抓住用户的注意力，提高内容的曝光率和搜索引擎排名、塑造品牌形象以及促进用户互动。因此，在创作小红书内容时，运营者需要重视标题的编写和优化。

下面介绍一些实用的标题编写和优化技巧。

（1）关键词研究与优化：了解当前在小红书上流行的内容趋势，使用相关的热门标签和关键词，同时优化关键词，确保其与内容紧密相关，这有助于提升搜索引擎的排名，增加内容的曝光度。

例如，标题"7天完成瑜伽入门，塑造完美体态"直接传达了内容的实用性和学习后能获得的好处，能够吸引那些想要快速改善体态或学习瑜伽技巧的用户。

（2）简洁明了：由于用户倾向于快速浏览，所以标题应该简洁有力，直接传达笔记的核心内容或价值，通常将标题长度控制在10～15个字，这是一个较为理想的选择。

（3）个性化：个性化是不可忽视的因素，让标题反映出个人风格或品牌特色，能够激发用户的兴趣和好奇心，促使他们点击查看更多内容。

（4）创造好奇心与情感共鸣：使用疑问句或具有悬念的表达方式可以有效地激发用户的好奇心，促使他们点击标题以获取更多信息，同时在标题中融入情感元素，如快乐、悲伤、惊讶或愤怒等，能够触动用户的情感，增加点击率，如"我的逆袭之路，从自卑到自信，我只做了这一件事"。

（5）使用数字与强有力的动词：使用数字和强有力的动词可以让标题看起来更加具体和有吸引力，同时清晰地告诉用户笔记的结构，激发用户的行动欲望，促使他们采取行动（如点击、阅读或分享）。

（6）测试与优化：尝试几种不同的标题版本，观察并分析哪种版本的点击率最高，在内容发布后，持续关注其表现数据，并根据用户反馈和平台趋势进行持续优化和调整，以找到最适合小红书内容的标题风格，如图8-1所示。

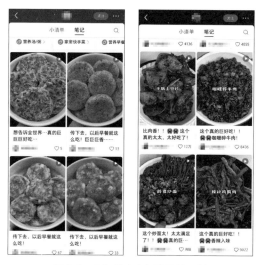

图 8-1　小红书内容标题风格示例

8.1.2　采用多媒体内容

扫码看教学视频

在小红书这样的视觉导向型社交平台上，多媒体内容（如图片、视频等）对于提升笔记的吸引力和互动率至关重要，它们能够更直观地展示产品的特点、使用效果或在生活中的使用场景，从而增强内容的感染力和说服力。

1.图片优化技巧

下面介绍关于小红书图片的优化技巧，帮助运营者打造精美的笔记。

（1）贴合主题：图片内容应与笔记主题紧密相关，能够十分直观地表达笔记的核心信息，如图8-2所示。

图 8-2　小红书贴合主题的图片示例

（2）高清美观：确保图片清晰度高，色彩鲜艳，构图美观，能够第一时间吸引用户的注意力。

（3）多样化：尝试使用不同角度、不同场景的图片，增加内容的丰富性和可读性，如图8-3所示。

（4）原创性：鼓励使用原创图片，避免侵权风险，同时展现品牌或个人风格。

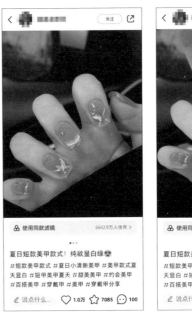

2.视频优化技巧

下面介绍关于小红书视频的优化技巧，帮助运营者打造具有吸引力的笔记。

图 8-3　小红书不同角度的图片示例

（1）短视频为主：小红书上的视频以短视频为主，长度控制在几分钟内，如图8-4所示，以快速吸引用户的注意力。

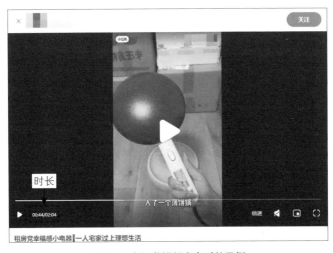

图 8-4　小红书视频内容时长示例

（2）内容精练：视频内容应精练有趣，能够迅速传达关键信息或情感共鸣点。

（3）画质清晰：确保视频画质清晰，音频质量良好，避免影响用户的观看。

（4）添加字幕：为视频添加字幕，可以帮助用户更好地理解视频内容，尤其是对于有听力障碍的用户，如图8-5所示。

图 8-5　小红书视频内容添加字幕示例

8.1.3　简洁明了的段落结构

在小红书上，内容的质量直接影响到用户的阅读体验和互动率，而简洁明了的段落结构则是提升内容质量的关键因素之一，它不仅有助于用户更好地理解笔记内容，还能提升阅读的流畅性和舒适度。下面介绍一些小红书笔记的段落结构设置技巧。

扫码看教学视频

（1）总分总结构：在撰写小红书内容时，开头部分应当简短有力，直接明了地概述文章主题或核心观点，吸引用户的注意力；中间部分应将主题细分为几个小部分进行阐述，每个部分围绕一个中心思想展开，段落之间逻辑清晰、层次分明；在结尾部分对全文进行总结，强调核心观点或给出建议，加深用户的印象。

（2）清晰的过渡：在段落之间使用适当的过渡词或句子来连接，确保笔记内容的连贯性和逻辑性。过渡词如"此外""然而""总之"等，可以帮助用户更好地理解段落之间的关系。

（3）控制段落长度：段落不宜过长，建议每段不超过5行字，以确保内容的紧凑性和易读性，如图8-6所示。过长的段落容易让用户感到疲惫，降低阅读兴趣。

（4）使用标题和副标题：在适当位置使用标题和副标题来划分笔记结构，突出重点，如图8-7所示，这有助于用户快速了解笔记的内容和结构，提高阅读效率。

图 8-6 小红书段落长度示例   图 8-7 小红书笔记的标题和副标题

（5）避免冗余和重复：在撰写内容时，要注意避免冗余和重复的信息。每个段落都应有其独特的价值和意义，避免使用过多的废话或重复性的描述。

8.2 AI 辅助优化小红书内容

在深入挖掘小红书内容创作的无限可能时，AI技术的辅助作用不容忽视，为运营者提供了前所未有的便利和效率。本节将探讨AI辅助优化小红书内容的策略，帮助运营者提升内容质量，增加用户互动，与AI共同开启内容创作的智能化新篇章。

8.2.1 智能生成内容

随着人工智能技术的不断发展，AI在内容创作领域的应用日益广泛。小红书作为国内领先的生活形式分享平台，积极引入智能技术，将AI融入内容创作全过程，极大地提升了内容创作的效率与品质。

扫码看教学视频

AI辅助优化小红书内容，主要体现在智能生成内容方面，为创作提供了便捷、高效的工具。下面是AI智能生成内容在小红书中的具体应用。

（1）智能写作助手：小红书利用AI技术为运营者提供智能写作助手，这些助手能够分析用户数据和社交互动信息，深入了解用户的兴趣和需求，从而生成符合用户口味的笔记内容，相关案例如下。

提示词

假设你正在运营某搞笑类小红书账号，请分享几件有趣的事情，要求语言幽默，能令你的目标用户捧腹大笑

文心一言

1.标题：【当猫咪学会了自拍，家里的相册画风突变！】

正文：

嘿小伙伴们，你们见过自拍成瘾的喵主子吗？我家那位，自从我教它按快门键后，就彻底放飞自我了！

昨天翻相册，我差点没笑岔气！它要么把自己拍成"无脸猫"，只留一双幽怨的大眼睛；要么就是完美捕捉了打哈欠的瞬间，那表情，简直能参加"世界最囧猫咪大赛"！

最绝的是，它居然还学会了用前置摄像头，对着镜子自拍，那自恋的小模样，让我深刻怀疑，这货是不是偷偷上了我的美妆课？

……（略）

（2）一键成片：小红书推出了"一键成片"功能，运营者只需上传图片素材，点击"下一步"按钮，AI即可根据图片素材智能匹配相应的模板，生成高质量的小红书视频，如图8-8所示。

扫码看案例效果

图 8-8　利用小红书的"一键成片"功能

（3）图片和视频生成：除了文字内容外，AI还能辅助生成符合小红书风格的图片和视频。例如，美图工具能够根据运营者需求生成插图，节省寻找图片的时间；而视频智能剪辑工具则通过算法自动识别视频中的关键帧，为运营者提供剪辑的方案，提高视频创作的效率。

8.2.2　个性化定制

AI通过分析用户的历史浏览记录、点赞、评论等行为数据构建用户画像，并基于该画像智能推荐个性化的内容。这种推荐方式不仅提高了内容的曝光率，还增强了用户与小红书平台之间的黏性。

扫码看教学视频

对于运营者来说，AI可以根据用户的特定需求或场景生成符合其个性化要求的内容。例如，根据用户的职业、兴趣、消费习惯等信息生成专属的美妆、穿搭、旅行攻略等内容，相关案例如下。

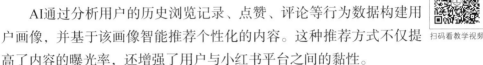

提示词

假设你是一位小红书穿搭类运营博主，请以"夏季小心机穿搭"为主题写一篇笔记，重点围绕女生穿搭分享，不超过500字

文心一言

标题：夏季小心机，时尚girl的清凉秘籍

夏日炎炎，也要美美哒出街？来来来，揭秘我的夏季小心机穿搭，让你秒变清凉时尚icon!

1.露腰上衣+高腰裤

小蛮腰藏不住了？就大大方方秀出来！短款上衣搭配高腰阔腿裤，拉长线条，显瘦又显高，走在街上回头率满分！

……（略）

AI还具备对已有内容进行优化和调整的能力。通过分析内容的阅读量、互动率等数据指标，AI可以自动调整内容的标题、封面、正文等元素，打造极具个人风格和个性化的内容，以提高内容的吸引力和互动性。

8.2.3　智能优化内容

智能优化内容是当前小红书内容创作领域的一个重要趋势，它利用AI技术来提升内容的创作效率、质量和个性化程度。

扫码看教学视频

利用自然语言处理技术，AI可以对运营者创作的内容进行深度的智能分析，识别出其中的不足之处，提取关键词和情感倾向，从而更准确地理解用户需求，为运营者提供更加精准的创作建议和优化方案。

例如，对于笔记正文部分，AI可以分析语言的流畅性、关键词的密度、情感倾向等，从而提出改进意见。

同时，AI还可以对图片或视频进行智能编辑，调整色彩、亮度、精细度、对比度等参数，使其更加符合用户的审美需求。例如，即梦可以调整图片的精细度，原图与效果对比如图8-9所示，提高图片质量，给用户带来视觉上的享受。

图 8-9　原图与效果对比

另外，AI还可以对笔记内容进行违禁词检测，确保内容符合平台规定，避免因违规而导致的限流或封号等问题。

8.2.4　SEO优化

扫码看教学视频

SEO优化是一种通过优化网站或网页的内容、结构、链接等因素来提高其在搜索引擎自然搜索结果中的排名，从而增加网站或网页的曝光率、吸引更多的目标用户访问，并最终达到提升网站流量、提高品牌知名度或增加销售等目的的策略和技术。

下面是小红书内容SEO优化的几个关键点。

（1）关键词优化：根据产品、服务或内容的特点，选择与目标用户搜索习惯相符的关键词，并在笔记的标题、正文、标签等位置合理布局关键词，确保关键词的自然融入，避免过度堆砌，以免被搜索引擎视为垃圾信息。另外，运营者还可以利用AI数据分析工具分析关键词的搜索量、竞争和趋势，及时调整优化策略。

（2）内容优化：结合图片、视频、文字等多种形式，创作高质量、有价值和有吸引力的内容，满足用户的需求和兴趣，提高用户的阅读体验和分享意愿。另外，运营者可以多关注热门话题、节日庆典、流行趋势等时效性内容，及时发布相关笔记，吸引用户关注。

（3）用户行为优化：通过提问、讨论等方式引导用户与笔记互动，提高点赞、评论和分享量，还可以及时回复用户的评论和私信，增加用户的参与度和忠诚度。另外，运营者可以积极参加小红书的社区活动，如话题挑战、直播等，提高曝光率和影响力。

（4）网站审核与优化建议：使用SEO AI工具可以增强小红书内容的原创性，避免重复内容，有助于提升账号在搜索引擎中的排名，增加内容的可见性和用户体验。例如，Ryte作为一款功能全面的SEO工具，能自动审核网页的SEO排名，并提供定制化的SEO建议，包括技术优化、内容优化等方面。图8-10所示为Ryte的搜索引擎优化功能。

图 8-10　Ryte 的搜索引擎优化功能

8.3　小红书内容发布的时机选择

在小红书这片充满活力的内容海洋中，精准地把握内容发布的时机，就如同为创意插上翅膀，让每一份精心策划的分享都能精准地触达目标用户的心田。适时而动，不仅能让自己的声音在喧嚣中脱颖而出，更能有效激发用户的共鸣与互动。本节将深入探讨如何在小红书上巧妙选择发布时机，确保每一次发布都能收获满满的正向反馈。

8.3.1 发布时机的重要性

扫码看教学视频

在小红书这一充满创意与竞争的社交媒体平台上，发布时机的选择堪称是一门艺术，其重要性不容忽视，它不仅关乎内容能否在最佳时刻跃入用户的眼帘，更直接影响到内容的传播效率与深度。

首先，合适的发布时机能够显著提升内容的曝光率。小红书用户的行为模式呈现出明显的时段特征，某些时间段用户活跃度激增，成为内容传播的黄金时段。若能在这些时段精准发布，无疑能让内容在第一时间捕获用户的注意力，从而大大增加被浏览和点击的机会。

其次，发布时机对于提升用户互动也至关重要。在用户最为活跃的时段发布内容，往往能够迅速引发用户的共鸣与反馈，点赞、评论、分享等互动行为接踵而至。这种即时的互动不仅能增强内容的吸引力，还能激发更多用户的参与热情，形成良性循环。

再者，精准的发布时机有助于优化内容的传播效果。当热点事件发生时，及时发布与之相关的内容能够迅速吸引用户的关注，借助热点的势能提升内容的传播力；同时，长期规划并形成固定的发布时间习惯，能够培养粉丝的期待感与忠诚度，为内容的持续传播奠定坚实基础。

最后，选择恰当的发布时机还能有效避免一些潜在的负面影响。例如，避免在用户活跃度极低的时段发布重要内容，以免内容被淹没在海量信息中；同时，在节假日和周末等特殊时期，根据用户的行为变化灵活调整发布策略，确保内容能够精准地触达目标用户。

因此，深入理解和运用发布时机的艺术是每位小红书运营者提升影响力和实现内容价值最大化的关键。

8.3.2 日常流量高峰期捕捉

扫码看教学视频

在小红书平台上，日常流量高峰期的捕捉对于运营者来说至关重要，因为这直接影响到内容的曝光率和互动效果。下面是关于小红书日常流量高峰期的相关内容。

1.日常流量高峰期时段

日常流量高峰期分为4个时段，下面是对它们的详细阐述。

（1）早晨高峰期：早上6点到9点，尤其是7点到9点之间。这一时间段是用户起床后准备上班或开始一天活动的时段，用户活跃度逐渐上升，适合发布积极向上的内容，如图8-11所示，以吸引用户的关注。

（2）中午午休时间：11点到13点。许多人在这个时间段进行午休，浏览社交媒体成为他们放松的一种方式。此时发布与美食、旅游或娱乐相关的内容，更容易获得用户的关注和互动。

图 8-11　小红书早晨高峰期内容发布示例

（3）下午活跃时段：16点到19点，特别是17点到19点之间。这是下班前或放学后的一段时间，用户开始规划晚上的活动或寻找灵感。发布各种类型的内容，包括生活小窍门、时尚搭配、家居装饰等，如图8-12所示，都有可能吸引用户的注意。

（4）晚上消遣时间：20点到24点，特别是22点到23点。这个时间段是用户结束一天工作和学习后的消遣时间，他们更倾向于浏览社交媒体以放松自己。发布话题

图 8-12　小红书下午活跃时段内容发布示例

热点、娱乐八卦或深度文章等内容，能够引起用户的兴趣和讨论。

2. 注意事项

在发布小红书内容时，运营者除了了解上述日常流量高峰时段，还需要注意以下一些事项，从而选择更好的发布时机，获得更高的曝光度。

（1）结合用户习惯：虽然上述时间段是人们普遍认为的流量高峰期，但不同用户群体的活跃时间可能存在差异。在发布内容时，应结合目标用户群体的行为习惯和偏好进行调整。

（2）内容质量：发布时机固然重要，但内容质量才是吸引用户的关键。确保发布的内容具有价值、有趣且与目标用户相关，才能提高曝光率和互动效果。

（3）数据分析：利用小红书提供的数据分析工具，了解不同时间段内容的曝光量、点赞数、评论数等数据指标，从而优化发布策略。

8.3.3　周末与节假日策略布局

在小红书这个充满活力的社区，周末与节假日不仅是用户活跃度显著提升的时刻，更是运营者展示创意、增强互动的黄金时段。下面扫码看教学视频讨论如何结合周末和节假日的特点制定有针对性的内容策略，以及如何利用这些时段的用户心理和行为模式提升内容的吸引力和传播效果。

（1）周末高峰期：周末（尤其是周六的19点至23点）是小红书用户最为活跃的时段。由于大多数年轻人在周末有更多的空闲时间，所以在这段时间内发布内容可以大大增加曝光率。运营者可以针对周末的休闲、娱乐等主题发布相关内容，如旅行攻略、美食探店、时尚穿搭等，以吸引用户的关注和互动。

（2）节假日策略：基于小红书的长尾流量特性，节假日的营销周期可以拉长至1个月左右，提前进行预热和宣传，逐步积累话题热度和用户关注度。运营者可以结合节假日的特点和主题发布与之相关的内容。例如，七夕节可以发布情侣约会攻略、礼物推荐等内容。

第 9 章

推广引流：借助AI扩大小红书的影响力

小红书作为社交型电商平台，其主要特点便是去中心化，强调真实的经验分享。这其实也是一种隐性的种草方式，且这种方式往往能达到更好的效果。AI能够智能分析用户兴趣，精准推送内容，从而助力运营者实现更高效、更个性化的推广引流。因此，借助小红书平台和AI制定完善的推广策略能够更好地提高转化率。

9.1 了解 AI 小红书推广优势，初步理解

在当今竞争激烈的市场中，品牌推广的有效性往往决定了其能否从众多竞争者中脱颖而出。小红书为品牌提供了一个展示自我、与目标用户建立联系的独特空间。AI技术的融入为小红书的推广活动带来了革命性的变化。本节带领读者了解一下AI小红书推广的优势，帮助运营者更加了解小红书平台和AI的作用。

9.1.1 智能分析：洞察市场趋势

扫码看教学视频

在进行推广之前，一般都会对用户群体进行分析，描绘目标群体的画像，这样才能更好地进行推广。

小红书有着自主打造的智能大数据分析系统，能够实时追踪和记录用户在小红书上的浏览、点击、互动等行为，通过深度挖掘这些数据，了解用户的兴趣偏好、消费习惯以及潜在需求。

基于用户画像和用户行为分析，运营者可以更加精准地定位目标用户群体，制定符合其喜好的推广策略，并挖掘种草领域。

AI技术能够分析小红书平台上的热门话题、关键词搜索量、内容互动情况等数据，预测未来的市场趋势和热门话题。运营者可以根据这些预测结果及时调整推广内容，紧跟市场潮流，提高内容的吸引力和曝光率。

另外，AI还能够帮助品牌进行竞品分析，了解竞争对手的推广策略、用户反馈以及市场表现等信息。通过竞品分析，运营者可以找出自身的优势和不足，优化推广策略，提升市场竞争力。

9.1.2 精准投放：触达目标用户

扫码看教学视频

在小红书平台中，系统凭借先进的算法机制深入剖析明星及专业运营者的粉丝质量、点赞活跃度、评论互动性等多维度数据，进行细致入微的判断、全面分析与精准筛选，旨在为品牌方精心挑选出最具影响力、最贴近目标用户且真实可靠的推广伙伴。这一流程不仅确保了推广内容的精准触达，还有效助力品牌方实现广告投放的极致优化，最终达成推广效益的最大化。

一般来说，在小红书中进行投放，最好严格按照金字塔的模式投放。图9-1所示为金字塔模式。这里将金字塔的模式分为4部分，头部KOL和腰部KOL合并。

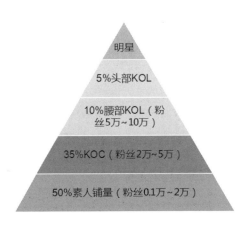

图 9-1　金字塔模式

第1部分是明星，主要的形式是通过明星发布测评以及日常的好物分享，这种方式一般价格高，但是效益快且高。

第2部分是KOL，KOL分为头部和腰部，一般来说头部可以投放总比例的5%左右；腰部KOL可以适当多投放一些，按10%的比例进行投放，主要形式是测评、晒单，用来提升品牌的曝光量，如图9-2所示。

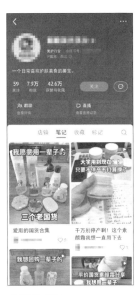

图 9-2　头部 KOL 和腰部 KOL

第3部分是关键意见消费者（Key Opinion Consumer，KOC），这一类是属于粉丝数量相对较少的KOL，可以进行35%投放。这类运营者虽然没有KOL的影响力大，但是在垂直用户中也有一定的影响力，并且其带货能力也是相对较强的。

第4部分是素人，素人笔记通常用来铺量，如图9-3所示，目的是提高曝光量，可以用关键词铺设，这部分可以投放50%。

图9-3 素人笔记

9.1.3 持续推广：建立品牌影响力

AI在小红书推广中展现出显著优势，特别是在持续建立品牌影响力方面。首先，通过精准定位与个性化推荐，AI技术能够深入剖析用户数据，精准识别目标用户，并为用户提供个性化的内容推荐。这种能力不仅提升了用户体验，还确保了品牌推广能够精准地触达潜在目标用户，有效增强品牌曝光度和记忆度。

扫码看教学视频

其次，AI在内容创作与优化方面发挥着关键作用，它不仅能够辅助运营者快速生成高质量的内容素材，如文案、图片和视频，还能对现有内容进行智能优化，确保内容始终贴近用户兴趣，保持高吸引力和传播力。这种高效的内容生产能力为品牌持续输出有价值的内容提供了有力支持。

再者，AI技术显著提升了用户的互动和参与度。通过引入互动元素（如提问、投票等），AI激发了用户的参与热情，促进了品牌与用户的深度交流。同时，AI还能协助品牌管理社区，自动回复用户评论，监测舆情动态，从而建立更加紧密和积极的用户关系，增强品牌的口碑和信任度。

另外，AI技术促进了跨平台整合营销。小红书平台上的AI技术能够与其他社交媒体平台无缝对接，实现内容、数据的跨平台共享。这种跨平台整合能力不仅扩大了品牌的曝光范围，还增强了品牌在不同平台上的连贯性和一致性，有助于构建更加完整的品牌形象和生态系统。

9.1.4 高效优化：提升广告效能

扫码看教学视频

在小红书这样的社交平台上，利用AI技术进行推广能够带来显著的优势，特别是在提高广告效率方面。

首先，AI能够精准定位目标用户，通过个性化推荐系统，确保广告能够触达最有可能感兴趣的用户群体；同时，通过对用户数据的分析，构建详细的用户画像，帮助运营者更好地了解目标用户。

其次，在内容创作与优化方面，AI不仅可以根据品牌特点和目标用户生成吸引人的广告文案和视觉元素，还可以自动运行不同版本的内容测试，以确定哪种类型的内容表现最佳，并据此调整策略。

另外，AI还能实时收集和分析广告效果数据，如点击率、转化率等，帮助运营者快速了解哪些策略有效，并能及时调整广告投放策略，如更改目标人群或调整预算分配等。

最后，从成本效益的角度来看，通过AI分析，运营者可以更加合理地分配预算，减少无效支出，提高投资回报率。

9.1.5 数据驱动优化：增强推广回报

扫码看教学视频

数据驱动的优化是提高推广回报的关键所在。首先，运营者可以利用AI收集用户在小红书上的行为数据，包括浏览历史、搜索记录、互动频率等，并对这些数据进行深度分析，以便理解用户的兴趣点、偏好和消费习惯。

接下来，根据用户的行为模式和偏好将用户分为不同的细分市场，以便更精准地定位，并为不同的用户群体制定个性化的推广策略，包括定制化的广告内容、产品推荐等，以此增强用户的参与度和转化率。

在数据驱动决策方面，AI也展现出巨大的潜力，它能够实时分析用户数据和市场趋势，为品牌提供详尽的用户画像和消费者洞察报告。这些数据分析结果不仅帮助品牌更准确地了解用户需求和市场变化，还指导品牌制定和调整推广策略，确保品牌推广始终保持在最佳状态。

为了确保推广策略的有效性，还需要持续监测广告的表现，如点击率、转化率等关键指标，并根据监测结果快速调整广告策略，例如改变目标用户、调整创意或优化落地页等，同时可以通过A/B测试对不同的广告版本进行比较，选择最优方案，并根据测试结果不断优化广告内容和策略，提高广告效果。

另外，合理的预算管理和成本控制也是至关重要的。通过数据分析确定哪些渠道和广告形式更有效，从而合理分配预算，并持续监控投入产出比，确保每一分钱都花在刀刃上，实现成本效益的最大化。

9.2 了解小红书推广方式，初步掌握

目前，小红书的推广方式主要有官方以及非官方两种方式，官方包括广告投放等方式，非官方主要包括素人笔记、KOL原创图文推广、明星笔记、笔记排名优化等方式。不管是官方还是非官方，都能帮助运营者很好地推广产品。

除了这两种方式以外，还存在着其他的推广方式，例如批量私信、点赞等，但是它们受平台的限制较高，或是对技术要求比较高，一般不推荐采用这些方式。

9.2.1 素人笔记：真实体验分享

扫码看教学视频

素人笔记指的是粉丝数量不够多、没有粉丝基础的运营者来发布相关的种草笔记，这种方式适用于各种品牌方以及有着搜索承接平台的商家在运营初期的时候操作，作为获取流量的基石。

1. 素人笔记的作用

对于小红书用户来说，笔记是谁写的不是他们关注的重点，他们关注的是写了什么。而且，在一些用户心中，他们会觉得素人笔记更加真实可信，因此他们会更加相信素人发的笔记，那些粉丝量多的运营者或多或少会接一些广告，真实性相对而言就不是很高。

另外，素人笔记是一种性价比很高的方式，通过素人大量、定期地发布笔记，进而占领搜索的前列，这样也就加大了曝光率以及官方推送的概率。

一般来说，大商家或者品牌方会比较喜欢用素人笔记这种方式进行推广，这种方式的作用主要有两种，一种是背书，另一种是获得流量，如图9-4所示。

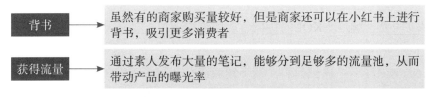

图 9-4 素人笔记的主要作用

2. 素人笔记的优缺点

素人笔记主要是用来铺量，让用户能够尽可能多地看到产品，加深用户的印象，所以素人笔记不需要太多的技巧，只要将产品的性能、体验情况讲清楚便可以了。一般来说，素人笔记的字数不要超过300字，且每天的投放量最好是在30篇内。

但是，这种方式直接促成交易的往往不多，因为素人毕竟没有影响力，用户对于素人还是保持一定的怀疑态度。因此，素人笔记不需要带有商品链接，只要写清楚产品的好处、体验感即可。

9.2.2 KOL合作：影响力营销

KOL通常指的是拥有着大量且准确产品信息的人，他们能够被粉丝所信任，且能够影响粉丝的购买行为。一般来说，KOL通常是某个行业或者是领域的专业人士，例如皮肤科医生。

不管什么平台以及行业，对于KOL的要求都相对较高。在美妆行业，要求KOL一方面要有专业度，了解美妆的专业知识，能够用通俗易懂的方式详细地讲解测评产品等；另一方面要求美妆KOL具有一定的人格魅力。

这种推广方式主要通过有粉丝基础且有着专业知识的运营者来发布种草笔记，各种品牌方以及有搜索承接平台的商家都可以使用这种方式。

传统营销方式在引起消费者的购买需求之后，会促使消费者去收集相关的产品信息并了解它们的评价情况，进而决定是否购买。KOL的原创图文推广一般会让粉丝更加信任，从而跳过购买前的步骤，直接决定购买。

与素人笔记相比，KOL推广的作用也在于背书以及获得流量，但是两者还是有很大的区别，如图9-5所示。

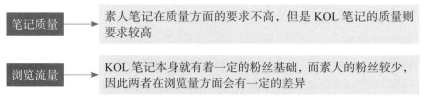

图 9-5　KOL 推广与素人笔记的区别

另外需要了解一下KOL的特征、运作流程、推广技巧和建议等方面。

1. KOL的特征

KOL与网红不一样，他们在某个领域或行业有着一定的影响力，具有一定的公信力。一般来说，对其判定的标准主要有3点，一是专业知识，二是稳定且有见地的内容，三是兴趣与天赋。其特征主要包括以下3个方面，如图9-6所示。

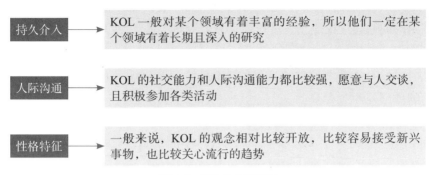

图 9-6　KOL 的主要特征

2. KOL的运作流程

品牌方或者是电商平台将商品给予KOL，KOL对商品进行市场推广，并将推广的数据、流量反馈给品牌方或者是电商平台，品牌方或电商平台给予一定的服务费、广告费等。

KOL在小红书上发布与商品有关的笔记后，与粉丝进行互动，并将从粉丝处得到的对于商品的反馈再反馈给品牌方或电商平台。图9-7所示为KOL推广的运作流程。

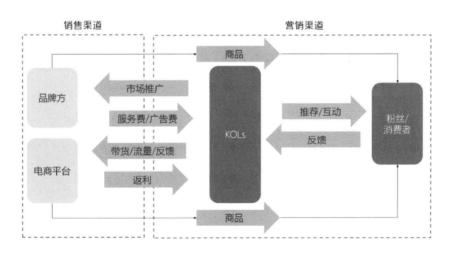

图 9-7　KOL 推广的运作流程

3. 小红书KOL的推广技巧

下面介绍一下小红书KOL的推广技巧，主要包括埋伏法、细分法和追踪法3种。

1）埋伏法

埋伏法指的是提前布局。这种方法有一点赌的成分，但也并不是瞎猜，而是按照一定的规律信息推测，主要是看运营者对热点的敏感度。

例如，在节假日前几天提前布局一些关于节假日的笔记，等到节假日到来的时候就可以发布。哪怕发布的笔记质量不是最上乘的，笔记的点赞量、阅读量、收藏量的数据也不会太差。

2）细分法

细分法，顾名思义，就是在一个大的热门领域中找到一个小众的领域。例如，在小红书中出国旅游一直是比较热门的内容，但是如果运营者也发布相关内容，就会被大量的出国旅游笔记所淹没。

这时可以选择细分的方法，在出国旅游中找到比较冷门的国家，或者是小众的景点等来分享。

3）追踪法

打开小红书界面，点击🔍按钮，如图9-8所示。进入搜索界面后，搜索界面就会出现"猜你想搜""搜索发现"等栏目，如图9-9所示。

图 9-8　点击"搜索"按钮

图 9-9　搜索界面

但是，这些搜出来的关键词仅代表着目前这些关键词的热度，这些热搜是通过人工以及系统的双重干预形成的，大家所看到的只是当前官方默认的推荐情况，也就代表着这些只是当前用户喜欢看的内容。因此，运营者需要经常关注关键词的热度变化情况，结合这些词条和它们的热度变化情况来生产和调整内容。

4. KOL的推广建议

目前，小红书上的KOL有许多，针对KOL的推广提出了下面4点建议，如图9-10所示。

图 9-10　对 KOL 推广的建议

9.2.3　明星笔记：名人效应利用

明星本身就有一定的号召力，明星发布笔记中的产品，粉丝往往会去购买。2017年至今，陆续有明星在小红书上开始带货。到了2024年，明星发布的种草笔记在一定程度上影响了产品在淘宝中的搜索热度。图9-11所示为明星笔记示例。

扫码看教学视频

图 9-11　明星笔记示例

相对于前两种推广方式，这种方式更加简单、直接，并且如果明星本身的流量较大，其代言的产品的购买量也会大大增加，收益高且持续时间长。图9-12所示为明星笔记的好处。

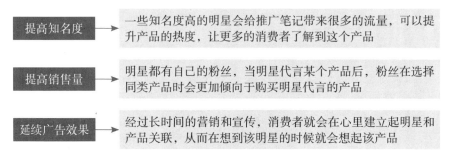

图 9-12　明星笔记的好处

这种方式适合在小红书平台上有着一定运营基础的商家或品牌，该基础一方面指该品牌在小红书上有自己的店铺，不用进行二次跳转（有时候二次跳转也会影响一些粉丝的购买行为）；另一方面指该品牌在小红书上至少有两个月的笔记铺垫。

9.2.4　笔记优化：提升内容排名

扫码看教学视频

优化笔记排名，顾名思义，就是将笔记进行优化，使其在搜索时排名能够得到提升。这种方式虽然流量有限，但是比较精准，适合于个体微商、线下商家、品牌方、平台商家等。

在小红书中，一般通过搜索关键词来搜索相关笔记，笔记内容也是围绕关键词展开的，搜索这类关键词的用户一般是对其有着消费意向的用户。所以，通过优化笔记排名，使用户搜索关键词时能够在首页看到运营者的笔记，那么运营者的笔记的曝光度就大大提升了。运营者可以通过4个方面来优化笔记排名，如图9-13所示。

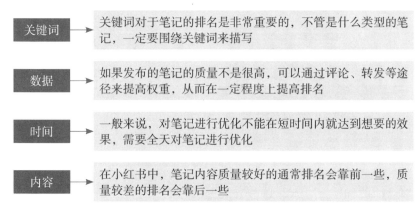

图 9-13　优化笔记排名的 4 个方面

值得注意的是，小红书平台对于新发布的笔记会有倾斜。在一个关键词笔记排名中，新发布的笔记往往会有权重加成，因此新发布的笔记的排名相对靠前。

9.2.5　广告投放：精准广告触达

扫码看教学视频

广告投放是根据广告主以及广告的内容在相应的平台上以文字、图片或者是视频的形式精准地推广给用户。广告投放的媒介有很多种，例如报纸、电视、纸质刊物等，不同的媒介有着不同的特征，运营者可以根据自己的产品的情况进行选择，甚至进行多方投放。

广告投放也是很多品牌在小红书上推广的一种形式。下面介绍广告投放的原则以及小红书中广告投放的分类。

1. 广告投放的原则

一些企业为了能够达到推广的最大化效果，喜欢多管齐下，不管什么渠道、媒介都去尝试一遍，如电视、报纸、互联网等，但是并不是投放的广告越多，收到的效益就越好。

广告投放最重要的是要达到推广的效果，让用户了解并产生购买的欲望。对于广告投放来说有几个原则，如图9-14所示。

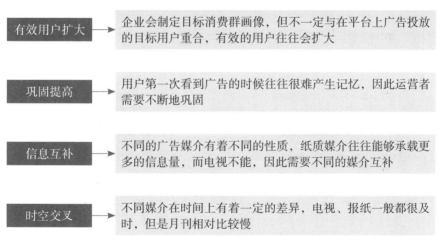

有效用户扩大	企业会制定目标消费群画像，但不一定与在平台上广告投放的目标用户重合，有效的用户往往会扩大
巩固提高	用户第一次看到广告的时候往往很难产生记忆，因此运营者需要不断地巩固
信息互补	不同的广告媒介有着不同的性质，纸质媒介往往能够承载更多的信息量，而电视不能，因此需要不同的媒介互补
时空交叉	不同媒介在时间上有着一定的差异，电视、报纸一般都很及时，但是月刊相对比较慢

图 9-14　广告投放的原则

广告投放有着很多的优势，所以很多的品牌都想通过这种方式向大众推广他们的产品，如图9-15所示。

图 9-15　广告投放的优势

目前，广告主在小红书上主要有两种投放需求，一是为了增加曝光度，二是为了提高转化率，如图9-16所示。

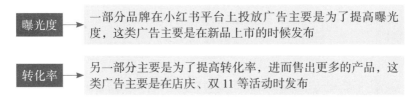

图 9-16　广告主在小红书上的投放需求

按照不同的投放需求，广告投放的形式以及考核指标有所不同，以曝光度为重点的广告投放形式主要是信息流笔记以及搜索笔记，而以转化率为重点的广告投放形式则以H5（HTML5，超文本标记语言）和商品卡为主，如图9-17所示。

图 9-17　不同投放需求的不同形式以及考核指标

2.小红书中广告投放的分类

小红书中的广告投放主要分为两类，一类是商业广告，以开屏广告为主；另一类是竞价广告。

（1）商业广告：商业广告主要是开屏广告，这种广告的价格相对较高。

（2）竞价广告：在小红书中竞价广告主要分为两种，一种是搜索广告，顾名思义，搜索广告通常与用户的搜索有关，广告系统会根据用户的搜索去识别分析有价值的关键词；另一种是信息流广告，这种广告的形式通常是图片、图文、视频等，其最大的优势在于算法技术领先、能够精准地定向、用户体验好，通过技术在平台中精准投放，因此无论是曝光度还是转化率都能得到提升。

9.3　探寻 AI 小红书引流技巧，获取流量

在小红书这片充满活力的内容海洋中，如何巧妙地驾驭AI的力量，成为引流的佼佼者，是不少运营者面临的问题。本节将探讨AI小红书的引流技巧，助力运营者在小红书平台上能够更精准地引流，从而获取更多的流量。

9.3.1　原创内容引流

AI为原创内容的创作与引流带来了全新的视角，它不仅仅是技术的堆砌，还能深刻理解用户的情感需求，助力运营者打造出富有情感色彩的故事化内容。这些故事围绕着用户的日常生活、梦想与情感经历，旨在触动用户的内心，建立深厚的情感连接。通过AI的情感分析能力，内容得以个性化地表达。

技术驱动的创意呈现更是为AI小红书原创内容注入了无限可能。AI技术支持多媒体内容的创作与融合，让文字、图片、视频等多种媒介形式得以完美结合，呈现出丰富多样的内容形态。

另外，AI还在不断探索新的应用领域，如生成对抗网络在图像与视频创作中的应用、自然语言处理在文本创作与编辑中的智能化等，这些创新技术的应用不仅提升了内容的创意性与独特性，还为用户带来了前所未有的阅读体验。

9.3.2　AI表情包引流

扫码看教学视频

AI小红书表情包引流策略作为一种创新的社交媒体营销手段，正逐渐在市场中崭露头角，这一策略巧妙地将人工智能技术与小红书平

台的独特魅力相结合。通过精心制作的AI表情包（如图9-18所示），成功吸引了大量用户的关注与互动，进而为品牌或产品带来了显著的曝光和销售机会。

图9-18　AI表情包

运营者可以利用AI工具制作表情包，并将其发布到小红书平台，利用其庞大的用户群体和活跃的社区氛围进行广泛传播，同时将表情包分享到其他社交媒体平台，如微博、抖音等，以进一步扩大曝光范围。在发布过程中，互动引导是关键，通过附上引导性文案或标签鼓励用户点赞、评论和分享。另外，设立互动环节，如抽奖、问答等，以增加用户的参与度和黏性。

为了将流量转化为实际的销售机会，需要特别注重私域流量的转化。在小红书个人主页或笔记中，通过巧妙地留下联系方式，如微信号、公众号等，引导用户关注并加入私域流量池。在私域流量池中，通过定期发布优质内容、提供专属福利等方式，增强用户的黏性和忠诚度，为后续的转化打下坚实的基础。

9.3.3　评论功能引流

小红书的AI评论功能作为社交媒体营销领域的一项创新技术，正逐步成为品牌和个人运营者提升互动效率与精准度的得力助手，这一功能巧妙地融合了人工智能的智能算法与机器学习技术，实现了评论内容的自动化生成与智能发布，为运营者带来了前所未有的便捷与高效。

扫码看教学视频

小红书的AI评论功能通过智能分析技术对目标内容进行深入剖析，准确把握其主题、情感倾向及关键词等核心要素。基于这些分析结果，运营者可以选择或定制符合自身需求的评论模板，这些模板不仅个性化十足，还能精准对接不同营销目标和用户群体的需求。

在模板与智能算法的双重作用下，AI评论功能能够迅速生成既符合语境又遵循平台规则的评论内容，内容形式丰富多样，包括纯文本、图片、表情等，以满足不同用户的喜好与需求。

AI评论功能的优势显而易见，它极大地提高了评论发布的效率与频率，减少了人工操作的时间与精力成本。同时，通过精准定位目标用户群体，AI评论功能能够确保每一条评论都能直击用户痛点，提升互动效果与转化率。另外，该功能还提供了实时的评论效果监控与数据分析服务，帮助用户及时了解评论反馈并优化策略，实现营销效果的持续提升。

9.3.4 AI互动回复

扫码看教学视频

小红书的AI互动回复功能作为社交媒体互动领域的一项创新技术，正悄然改变着用户的在线交流体验。该功能通过内置的AI系统或特定AI角色为用户提供了即时、有趣且个性化的对话体验，极大地增强了社区的活跃度和互动性。

具体而言，小红书的AI互动回复功能允许用户轻松地将AI角色引入群聊或个人聊天中。这些AI角色不仅拥有独特的个性和设定，还能根据用户的输入和上下文环境智能地生成回复内容。无论是解答问题、情感交流还是角色扮演，AI都能以流畅自然的对话方式与用户进行深度互动，为交流过程增添无限乐趣。

这一功能的实现既高效又便捷。用户只需简单的几步操作，即可将AI角色添加到聊天中，并随时发起对话。AI系统则凭借其强大的智能算法和学习能力，能够迅速理解用户的意图，生成准确且富有创意的回复。这种即时响应的能力不仅提高了互动效率，还让用户感受到了前所未有的便捷和智能。

小红书的AI互动回复功能还具有诸多特点。首先，它打破了传统人工回复的局限性，实现了全天候、无间断的在线服务，无论何时何地，用户都能与AI进行实时对话，享受不间断的互动体验；其次，该功能通过引入多样化的AI角色和对话内容，为用户提供了个性化的互动选择。用户可以根据自己的喜好和需求选择适合的AI角色进行对话，从而打造出独一无二的互动体验。

第 10 章

AI助力带货：打造小红书从种草到购买的智能闭环

在消费潮流的浪尖上，AI正以无形之手重塑购物体验，而小红书携手智能科技，编织从心动种草到安心购买的梦幻之旅。AI不仅加速了信息的有效传递，更在无形中构建了信任桥梁；让用户在享受个性化购物乐趣的同时轻松跨越种草与购买的界限，开启智能购物新篇章。

10.1　深入解析小红书带货：模式与策略

在当今社交媒体的浪潮中，小红书以其独特的社区氛围和用户基础成为了品牌和运营者展示产品、分享生活、建立信任的重要平台。本节将引领读者深入了解小红书带货的内在逻辑和成功秘诀，探索如何在这片充满潜力的领域中通过精心策划的内容和策略激发用户的购买欲望，实现商品的有效推广。

10.1.1　小红书带货概览：基础与核心要素

小红书带货是近年来兴起的一种电商模式，它充分利用了小红书平台的社交属性和内容创作能力，将产品推广与用户互动紧密结合。下面是对小红书带货的详细概述，旨在帮助运营者了解小红书带货模式，以便更好地利用小红书带货模式进行变现。

扫码看教学视频

1. 基础概述

小红书以"标记我的生活"为口号，聚集了大量年轻、追求品质生活的用户，尤其是90后、95后女性用户占比较高。其平台内容丰富多样，涵盖时尚、美妆、生活方式等多个领域，形成了独特的社区氛围和用户黏性。

基于此平台特性，小红书带货主要通过KOL、KOC以及普通用户的真实分享和推荐来实现。运营者或品牌可以与KOL或KOC合作，通过他们发布的产品体验笔记或直播带货来引导用户购买，如图10-1所示。

图 10-1　KOL 或 KOC 发布的产品体验笔记

同时，小红书也鼓励普通用户分享自己的购物心得和穿搭搭配，如图10-2所示，以形成口碑传播效应。

图 10-2　普通用户分享的购物心得

2.核心要素

小红书带货的核心要素包括优质内容、精确定位、信任建立及社群互动4个方面，下面是对它们的详细阐述。

（1）优质内容：内容是小红书带货的核心，高质量的内容能够吸引用户的关注，提升用户的购买意愿。因此，运营者发布的内容应具有原创性、实用性和趣味性，能够触动用户的情感和需求。另外，图文结合、视频展示等多样化的内容形式也有助于提升用户的阅读体验和购买兴趣。

（2）精准定位：小红书用户群体具有明确的消费偏好和购买能力，因此在带货过程中需要精准定位目标用户群体，通过分析用户数据和行为习惯，运营者可以了解用户的需求和喜好，从而制定更加精准的营销策略和推广方案。

（3）信任建立：信任是用户产生购买行为的重要前提。在小红书上，KOL和KOC的真实分享和推荐能够建立起用户对产品的信任感。运营者需要注重产品质量和服务体验，确保用户能够获得满意的购物体验。同时，积极回应用户的反馈和投诉也能够增强用户的信任感。

（4）社群互动：小红书的社群氛围浓厚，用户之间的互动频繁，运营者可以利用这一特点开展社群营销活动。通过建立品牌社群、组织线上线下活动等方式与用户建立更紧密的联系和互动关系，这不仅能够提升用户对品牌的认知度和忠诚度，还能够促进用户的口碑传播和购买行为。

10.1.2　独特视角：与其他平台的差异化分析

在探讨小红书与其他平台的差异化分析时，可以从用户群体与定位、内容形式与互动方式、商业化模式与变现方式以及平台资源与支持4个方面进行剖析。

1. 用户群体与定位

不同的平台有不同的特性，其用户群体与定位也有所不同。下面详细分析小红书、抖音和快手这三者的用户群体与定位，以方便运营者做出区分，更好地创作符合小红书平台特性的内容。

（1）小红书：用户群体以一二线城市、90后及Z世代女性为主，用户基数大且黏性高，购买力较强。小红书精准定位年轻女性用户，主打美妆、时尚类消费品，形成了独特的"种草-拔草"消费模式。

（2）抖音：用户群体更为广泛，覆盖各年龄段，尤其在一二线城市中年轻用户占比较高。抖音侧重于潮流类产品，用户追求时尚、酷炫，消费能力较强，与小红书相比，其用户群体在美妆时尚类消费品的专注度上可能稍逊一筹。

（3）快手：用户市场更为下沉，用户偏向追求高性价比、实用型商品的群体。快手的电商发展较为成熟，用户基数大，但用户对产品的性价比和实用性要求较高。

2. 内容形式与互动方式

与抖音、快手以短视频为主的内容形式不同，小红书的内容形式以图文笔记和短视频为主，如图10-3所示，强调高质量的内容输出，如教育型内容、情感共鸣、高质量视觉等，其内容注重传递品牌价值和生活方式，用户与KOL/KOC的互动强，容易形成情感共鸣和信任感。

图 10-3　小红书图文笔记和短视频的内容形式

3. 商业化模式与变现方式

抖音的商业化模式以广告营销和电商变现为主，快手的电商变现以直播带货为中心，全面打通主流平台。小红书与之不同，通过搭建自有商城，实现了从种草到消费的商业生态闭环。用户可以在浏览笔记的同时直接购买商品，购买流程简便。

小红书还通过直播带货、话题挑战等创新方式提升带货效果，同时注重个人IP的打造，如主理人经济等。

★ 专 家 提 醒 ★

主理人经济是一种新兴的经济现象，它代表了消费者对于个性化、独特性和价值观匹配的需求。具体来说，主理人经济是指以主理人为核心，围绕其个人价值观和生活方式，打造特定品牌和商业形态的经济活动。

4. 平台支持与资源

抖音通过完善的短视频和直播功能为网红电商提供了全面的自有产品体系，并接入第三方平台，缩短用户的购物决策时间，其算法机制使得优质内容更容易获得曝光。

快手通过去中心化的"市场经济"模式，使得运营者与粉丝之间的黏性更高，还通过"快接单"等广告营销平台为品牌和运营者提供订单接收和签约管理等服务。

与两者不同，小红书在平台支持与资源方面具有独特的优势。小红书平台为橱窗带货提供了丰富的支持和资源，包括流量倾斜、曝光机会等，并且注重培养个人IP和主理人经济，为品牌和运营者提供了更多的发展机会。

10.1.3　带货实操指南：关键注意事项

扫码看教学视频

要想在小红书平台上成功带货并非易事，需要运营者精准把握平台特性，综合考虑多方面的因素。下面介绍小红书带货的关键注意事项，以帮助运营者更好地规划内容、吸引流量、提升转化率，从而在这片充满机遇和挑战的领域中脱颖而出。

（1）合规经营：运营者应确保直播内容遵守小红书平台及相关法律法规，远离违禁、不当或欺诈行为，坚持诚信经营，维护良好的商业声誉。

（2）产品质量：精选优质的品牌产品。图10-4所示为品牌官方直播间示例。另外，在与供应商建立合作时，运营者要确认其授权及产品的真实性，保护消费者的合法权益。

（3）内容策划：提前规划直播内容，包括产品介绍、演示、推荐等，准备充分的素材和文案，并且内容需要有价值，这样才能吸引并留住用户观看。

（4）专业知识与沟通：深入了解直播产品的特点，掌握市场需求，以便提供专业、及时的解答和建议。

图 10-4 品牌官方直播间示例

（5）互动与回应：保持与用户的积极互动，及时回答他们的问题，解决他们的疑虑，还可以根据用户的个性化需求提供有针对性的推荐和服务。

（6）直播时间选择：选择用户活跃度较高的时间段进行直播，提高参与度和购买意愿，还可以根据目标用户的偏好和行为灵活地调整直播时间。

（7）持续优化与分析：对每次直播的效果进行深入分析和评估，关注用户反馈和购买转化率，根据数据分析结果不断优化直播策略，提升带货效果。

10.2 精通小红书带货艺术：促单技巧

踏入小红书的带货殿堂，掌握促单技巧是每位运营者的必修课。本节将带领读者深入探索如何以精妙的语言魅力触动用户的心弦，分享实战中积累的宝贵带货心得与独到洞察；接着全面解析促单的每一个细节，让运营者在成交的艺术中游刃有余，实现销售与口碑的双赢。

10.2.1　语言魅力提升：增强带货沟通力

扫码看教学视频

在小红书这个社交电商平台上，语言不仅是传递信息的工具，更是连接运营者与用户的桥梁。提升语言魅力，意味着运营者能够用更加生动、引人入胜的方式讲述产品故事，增强带货的沟通力。下面将介绍如何运用语言的艺术让带货之路更加顺畅，收获满满的信任与好评。

（1）精准定位目标用户：了解并分析自己的目标用户群体，包括他们的兴趣、需求、购买习惯等，以便用更加贴近他们的话语体系进行沟通。

（2）生动描述产品特色：避免单调的产品参数罗列，而是用生动的语言描绘产品的独特之处，让用户仿佛能亲眼看到、亲手触摸到产品，增强代入感和用户的购买意愿。

（3）建立情感连接：通过分享个人使用心得、讲述产品背后的故事等方式，与用户建立情感上的共鸣，让他们感受到购买产品不仅仅是交易，更是一种情感上的认同和满足。

（4）运用修辞手法：如比喻、拟人、排比等修辞手法，可以使语言更加生动有趣，增强表达效果，吸引用户的注意力并留下深刻印象。

（5）注意语气与语调：在小红书的笔记或直播中，语气的把握同样重要，亲切真诚的语气能够拉近与用户的距离，过于生硬或夸张的表达则可能适得其反。

（6）互动与反馈：积极回应用户的评论和提问，与用户进行良好的互动，这不仅可以增强用户的参与感，还能根据用户的反馈不断优化沟通策略，提升带货效果。

10.2.2　带货心得分享：经验与洞察

扫码看教学视频

在小红书平台上，要想打动直播间用户的心，让他们愿意下单购买，运营者需要先锻炼好自己的直播销售技能。下面将分享一些关于直播销售的心得体会，以帮助运营者更好地进行直播带货工作。

1. 转变身份

直播带货是一种通过屏幕和用户交流、沟通的职业，它必须依托直播方式让用户产生购买行为，这种买卖关系使得运营者更加注重建立和培养自己与用户之间的亲密感。

因此，运营者不再是冷冰冰的形象或者单纯的推销机器，而渐渐演变成更加亲切的形象。运营者会通过和用户实时的信息沟通，及时地根据用户的要求进行产品介绍，或者回答用户提出的有关问题，实时引导用户进行关注、下单和加购等。

当运营者的形象变得更加亲切和平易近人后，用户对于运营者的信任和依赖会逐渐加深，也会开始寻求运营者的帮助，借助运营者所掌握的产品信息和相关技能帮助自己买到更加合适的产品，如图10-5所示。

图 10-5　用户向运营者寻求帮助

★ 专 家 提 醒 ★

在进行直播带货之前，运营者要明确自己在小红书上的定位，是专注于某个垂直领域（如美妆、时尚等），还是希望成为全品类的带货达人，清晰的定位有助于吸引目标用户，提高内容的专业性和针对性。

2. 情绪管理

运营者在直播带货的过程中，为了提高产品的销量，会采取各种各样的方法来达到自己想要的结果。但是，随着步入小红书直播平台的运营者越来越多，每一个人都在争夺流量，想要吸引粉丝、留住粉丝。

毕竟，只有拥有粉丝才会有购买行为的出现，才可以保证直播间的正常运行。在这种需要获取粉丝流量的环境下，很多个人运营者开始延长自己的直播时间，而机构也开始采用多位运营者轮岗直播的方式，以此获取更多的曝光率，从而被平台上的更多用户看到。

这种长时间的直播对于运营者来说，无疑是一个极具挑战性且耗时、耗力的任务。因为在直播过程中运营者不仅要持续讲解产品，还需要积极营造直播间的互动氛围，并需要迅速响应和解答用户提出的问题，整个过程异常繁忙，往往给运营者带来极大的压力。

在这种情况下，运营者需要做好自己的情绪管理，保持良好的直播状态，使得直播间一直保持热烈的氛围，从而在无形中提升直播间的权重，获得系统给予的更多流量。

3. 选对产品

在直播带货中产品的好坏会直接影响用户的购买意愿，运营者可以从以下几点来选择带货的产品，如图10-6所示。

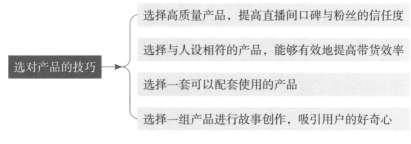

图 10-6　选对产品的技巧

10.2.3　促单技巧全解析：成交的艺术

扫码看教学视频

很多运营者看到别人的直播间爆款多、销量好，难免会心生羡慕，其实只要用对方法，也可以打造出自己的爆款产品。下面从直播前和直播中两方面入手，介绍直播带货常用的促单技巧，让用户快速下单。

1. 种草推广

运营者除了可以直接通过直播来带货外，还可以利用小红书的发布笔记功能在直播前进行"种草"推广，为直播间带来更多的人气，同时也可以直接提升下单率。

小红书笔记分为视频笔记和图文笔记，不过在发布推广类笔记时，运营者一定要注意不能让笔记看上去太"广告"，需要分享自己的真实使用体验，力求让用户在发布的笔记中看到真实。

2. 红包营销

在直播间中，发红包是一种很好的吸引用户的营销方式，这种互动方式不仅活跃了直播氛围，还能在直播的各个时段都可以使用，通过精准把握时间节点与红包策略，具体如图10-7所示，实现用户黏性的显著提升。

早间客流 ➤ 直播时段：07:00 ～ 10:00
人群特征：主要为中老年用户，消费频率高、决策时间长
营销策略：用大额红包吸引关注，并配合活动提升引流效果

午间客流 ➤ 直播时段：13:00 ～ 16:00
人群特征：通常是闲逛、无目标的用户，人群特征不明显
营销策略：通过刷屏抽免单与红包的配合，增加直播间人气

晚间客流 ➤ 直播时段：19:00 ～ 23:00
人群特征：店铺老客为主，忠诚度（回购率）表现较好
营销策略：拉长红包的开抢时间，稀释老客抢红包的中奖率

图 10-7　不同直播时段的不同营销策略

10.3　AI 赋能小红书种草营销直播

在当今小红书的营销舞台上，AI正以其独特的魅力悄然变革着种草直播的每一个环节。从精准捕捉潮流脉搏，到精心雕琢每一句直播话术，再到深度洞察用户心思，AI技术的融入不仅让直播内容更加丰富多彩，也让营销策略更加高效精准。接下来探索AI如何全方位赋能小红书的种草营销直播，开启全新的互动体验与商业可能。

10.3.1　AI预测直播主题和话题

扫码看教学视频

AI预测小红书直播主题和话题是当下营销领域的一项重要应用，它通过先进的数据分析和机器学习技术为小红书平台上的直播活动提供精准的预测和推荐。下面是关于AI预测小红书直播主题和话题的详细分析。

1. AI预测的优势

AI预测小红书直播主题和话题具有以下3个方面的优势。

（1）精准度高：AI系统能够处理和分析海量的用户行为数据、搜索记录、互动反馈等信息，从中挖掘出用户的真实需求和兴趣点，从而预测出最有可能吸引用户的直播主题和话题。

（2）实时性强：AI技术具有快速响应和实时分析的能力，能够紧跟市场趋势和热点事件，及时调整预测结果，确保直播内容的时效性和新鲜感。

（3）个性化推荐：基于用户画像和兴趣偏好，AI可以为不同用户推荐个性化的直播主题和话题，提高用户的观看体验和满意度。

2. AI预测的应用场景

通过精准预测和个性化推荐，AI可以帮助运营者更好地把握用户需求和市场趋势，提高直播的吸引力和转化率，具体应用如下。

（1）直播带货：运营者可以根据AI预测的直播主题和话题选择合适的商品进行直播带货，提高销售转化率和用户满意度。

（2）内容创作：运营者可以根据AI预测的热门话题创作具有吸引力和话题性的直播内容，吸引更多用户观看和互动。

（3）营销策略制定：运营者或品牌方可以根据AI预测的结果制定更具针对性的营销策略和推广方案，提高品牌的知名度和市场的占有率。

10.3.2　AI优化直播标题文案

扫码看教学视频

AI优化小红书直播标题文案是一个高效且创新的策略，旨在通过数据分析与智能算法提升直播内容的吸引力和曝光率。下面是AI在优化小红书直播标题文案时可以采用的策略和方法。

（1）关键词挖掘与匹配：AI系统可以分析当前热门话题、用户搜索习惯和过往成功的直播标题，挖掘出高相关性和高搜索量的关键词，并将这些关键词巧妙地融入直播标题中，以增加标题的曝光度和点击率，相关案例如下。

提示词

假设你是一位小红书运营者，请结合当前热门话题为今晚的零食直播间生成几个直播标题，以增加直播间的曝光度和点击率

文心一言

1.【深夜食堂】今晚零食大放送！追剧必备，解馋神器来袭，错过等一年～

2.【零食狂欢夜】网红零食大PK，辣妹甜妹都爱的宝藏小吃，直播间限时抢购！

3.【甜蜜暴击】巧克力控集合！进口手工巧克力，直播揭秘制作过程，甜蜜不打烊！

4.【肉食者天堂】肉食零食大集合，追剧解压神器，一口接一口，根本停不下来！

5.【福利满满】直播专享，零食大礼包低至冰点价，抽奖送不停，好运等你来拿！

6.【零食配饮，快乐加倍】网红饮品搭配秘籍，搭配今晚精选零食，解暑又解馋！

记得在直播前通过小红书平台预热，发布预告帖子，利用热门话题标签（如＃零食直播＃、＃深夜食堂＃、＃网红零食＃等）增加曝光，吸引更多用户前来观看。

（2）情感分析：利用情感分析技术评估标题文案可能引发的情感反应，确保标题能够激发用户的积极情绪，如好奇、兴奋或期待，注意避免使用可能引起负面情绪的词汇或表达方式。

（3）个性化推荐：基于用户画像和历史行为数据，AI可以为不同用户群体推荐个性化的直播标题文案。例如，对于年轻女性用户，可能更倾向于使用时尚、美妆或情感共鸣的标题；而对于科技爱好者，可能更喜欢具有创新性和技术含量的标题。

（4）长度与结构优化：研究表明，特定长度的标题在小红书上更容易获得用户关注，AI可以分析这一规律，并优化标题的长度和结构。

（5）创意与新颖性：AI系统可以学习并模仿人类运营者的思维方式，生成既符合逻辑又充满创意的标题文案，通过引入新颖的观点、独特的表达或巧妙的比喻，使标题在众多内容中脱颖而出。

（6）文化敏感性与合规性：AI系统具备自动检测和过滤敏感内容的功能，确保标题文案符合当地文化习俗和法律法规要求，避免使用可能引起争议或不适的词汇。

10.3.3　AI辅助生成直播脚本

小红书直播脚本是专为小红书平台直播活动设计的一种文案或指导方案，旨在规范直播流程、提升内容质量并增强用户的互动体验。利用AI辅助生成小红书直播脚本是一个高效且创意的方式，相关案例如下，旨在吸引用户的兴趣，促进互动与购买。

扫码看教学视频

提示词

假设你是一位小红书运营者，请为今晚的零食直播生成一个直播脚本

文心一言

【直播开场】

主播（热情洋溢）：Hey宝贝们，晚上好呀！欢迎来到我们的【美味不设限】零食直播间！我是你们的主播××，今晚，我将带你们一起探索零食的奇妙世界，保证让你的味蕾嗨翻天！

【引入话题，营造氛围】

主播：最近不是大家都在说"宅家也要仪式感"嘛？我想，这仪式感里，零食绝对是不可或缺的一部分！想象一下，周末的午后，一杯咖啡配上我们今晚精选的零食，是不是超级

惬意？

【产品预告，吊足胃口】

AI智能推荐音效（模拟）："叮咚～"您的专属零食清单已送达！今晚，我们有……

主播（兴奋介绍）：没错！今晚我们有网红爆款辣条，挑战你的味蕾极限；还有进口手工巧克力，每一口都是丝滑享受；更有健康低卡的果蔬干，满足你的轻食需求！当然，还有更多神秘好物等你来揭秘哦！

……（略）

10.3.4　AI助力分析直播用户

扫码看教学视频

AI在助力分析小红书直播用户方面发挥着重要作用，通过深入挖掘和分析用户数据、构建用户画像、实时反馈与调整、智能推荐与匹配以及优化直播内容与形式等手段，为运营者提供更加精准、高效、个性化的营销解决方案。

（1）分析用户行为数据：AI技术能够深入挖掘和分析小红书直播用户的行为数据，包括观看时长、互动频率、购买转化率等关键指标。通过对这些数据的分析，运营者可以更加精准地了解用户的兴趣偏好、消费习惯以及潜在需求，从而制定更加个性化的营销策略。

（2）构建用户画像：基于大数据分析，AI可以构建出详细的用户画像，包括用户的年龄、性别、地域、职业、兴趣爱好等基本信息，以及更深层次的消费心理、购买动机等特征，这些画像信息有助于运营者更好地理解目标用户群体，实现精准营销和个性化推荐。

（3）实时反馈与调整：AI技术能够实时监测直播过程中的用户反馈和互动情况，如评论内容、点赞数量、分享次数等。运营者可以根据这些实时数据及时调整直播内容和策略，以更好地满足用户需求，提升用户体验和满意度。

（4）智能推荐与匹配：AI算法可以根据用户的兴趣偏好和历史行为数据智能推荐与用户兴趣相匹配的直播内容和产品，这种个性化的推荐方式能够显著提高用户的点击率和转化率，同时也有助于运营者发现新的市场机会和增长点。

（5）优化直播内容与形式：AI技术还可以通过分析用户反馈和互动数据为运营者提供关于直播内容与形式的优化建议。例如，根据用户偏好调整直播时间、增加互动环节、优化产品展示方式等，以提升直播的吸引力和效果。

10.3.5　AI小红书数字人直播

扫码看教学视频

AI小红书数字人直播是指利用人工智能技术创建的虚拟主播在小

红书平台上进行直播活动。这些数字人主播通过先进的图像合成、语音识别与自然语言处理等技术能够呈现出逼真的外貌、流畅的动作和自然的语言表达能力，如图10-8所示，为用户带来全新的直播体验。

AI小红书数字人直播具有以下几个优势。

（1）24小时不间断直播：数字人主播可以实现24小时不间断直播，为运营者带来全天候的流量支持和曝光机会，这有助于提升品牌的知名度和销售额。

图 10-8 AI 小红书数字人

（2）降低人力成本：与真人主播相比，数字人主播无须休息和薪酬，能够显著降低直播的人力成本。同时，数字人主播的稳定性更高，不会出现因主播离职或生病而导致直播中断的情况。

（3）个性化定制：数字人主播可以根据运营者的需求进行个性化定制，包括外观、声音、性格等方面，这使得数字人主播能够更好地符合品牌形象和市场定位。

（4）提升用户体验：数字人主播通过自然的语言表达和流畅的动作表现，能够为用户带来更加生动和有趣的直播体验。同时，数字人主播还能根据用户的反馈和互动情况实时调整直播内容和策略，提升用户满意度和忠诚度。

10.4　学会小红书的种草 3 大营销技巧

本节将介绍小红书的种草3大营销技巧，帮助运营者多方式、多渠道地进行引流推广，从而实现带货变现。

10.4.1　小红书文章种草

小红书文章种草，即通过在小红书平台上发布具有吸引力的内容引导用户对产品或服务产生兴趣和购买欲望的过程。小红书文章种草

扫码看教学视频

的类型多种多样，下面是一些常见的类型。

（1）明星带货类：以明星为核心，通过他们分享产品和使用感受的形式进行产品营销。明星的影响力是这类笔记的关键，其优质程度并不直接影响传播结果。这能够利用明星的知名度和粉丝基础快速吸引大量关注，提升产品的曝光度和销量。

（2）产品分析类：将行业知识与用户需求相结合，深入剖析产品的用途、使用时的注意事项等，如图10-9所示。这类内容注重产品的深度解析和实用性，为用户提供详尽的产品信息，帮助他们做出更明智的购买决策，增强用户对产品的信任感。

图 10-9　小红书产品分析类文章种草笔记

（3）种草体验类：以买家秀的形式进行，站在用户的角度真实传递产品的使用经验和感受，明确描述使用场景，通过生动的描述和真实的体验分享刺激用户的购买欲望，提高转化率。

（4）科普类：由专家或达人撰写，注重专业性和权威性，内容言简意赅，避免长篇大论，以适应现代人碎片化的阅读习惯，为用户提供专业、准确的产品知识，增强用户对产品的信任和认同。

（5）故事植入类：通过讲述一个与产品相关的故事或场景将产品自然地融入其中，引发用户的情感共鸣。利用故事的情感力量，加深用户对产品的印象和好感，提高传播效果。

（6）新闻类与教育类：新闻类主要涉及时下热门的新闻事件和社会话题，具有时效性和话题性，容易引发用户互动和传播；而教育类提供实用的知识和技能，帮助用户解决问题和提高自己，具有较高的用户黏性。

（7）合集类：包括"不花冤枉钱"合集、"平价替代品"合集、"变废为宝"合集、"独一无二"合集、"亲民分享"合集、"一物多用"合集、"源头好物"合集和"高颜值"合集等，如图10-10所示。这类内容通常集合了多个相关产品或主题，为用户提供全面的购物参考，满足用户多样化的需求，提供丰富的购物选择和灵感，提高用户的购物满意度和忠诚度。

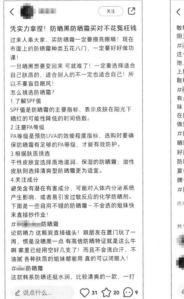

图 10-10　小红书"不花冤枉钱"合集文章种草笔记

10.4.2　小红书图片种草

扫码看教学视频

小红书图片种草是一种通过高质量图片吸引用户注意力，并激发其产生购买欲望或兴趣的行为。下面是一些小红书图片种草的类型。

（1）单图种草：使用一张高质量的图片作为主要内容展示，这张图片需要具有较高的吸引力和"颜值"，如图10-11所示，能够一下抓住用户的注意力，并激发其兴趣。该类型主要适用于特点鲜明、外观设计精美或需要突出某一特定卖点的商品。

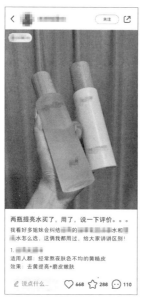

图 10-11　小红书单图种草笔记

（2）拼图种草：通过多张图片的拼接来展示产品的多个方面或不同使用场景，拼图设计需要体现出一种丰富的感觉，让用户产生点进去看里面内容的冲动。该类型主要适用于需要展示多个细节、功能或使用效果的商品，如美妆产品、服装搭配等。

（3）图文结合种草：在图片上添加简洁明了的文字说明，以更好地传达产品信息或使用体验，如图10-12所示。文字说明需要尽量体现标题关键词，同时保持与图片的和谐统一。该类型广泛应用于各种类型的商品，通过图文结合的方式可以更全面地展示产品的特点和使用效果。

（4）对比种草：通过对比不同产品、不同效果或使用前后的差异来突出产品的优势。对比图片需要清晰明

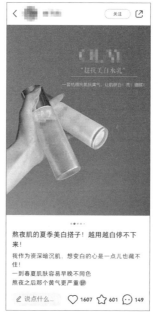
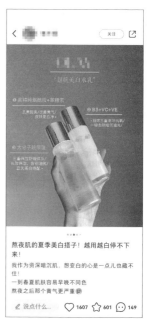

图 10-12　小红书图文结合种草笔记

了，能够直观展示产品的差异点。该类型适用于需要强调产品效果、性价比或优势的商品，如护肤品、减肥产品等。

10.4.3 小红书视频种草

扫码看教学视频

小红书视频种草是一种在小红书平台上通过制作和分享视频内容来推荐、分享产品或服务，从而引发用户兴趣和购买欲望的营销方式。下面是一些小红书视频种草的类型。

（1）产品展示类：直接对产品进行360度无死角的展示，包括外观、颜色、材质等细节，主要展示产品的特色功能或设计亮点，突出其独特性和优势。

（2）使用教程类：详细介绍产品的使用方法、步骤和技巧，帮助用户更好地了解和使用产品，可以是化妆教程、穿搭指南、家居用品使用技巧等，如图10-13所示，结合实际操作演示。

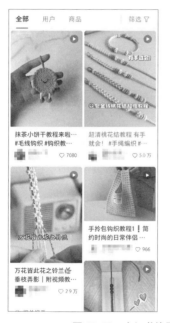

图 10-13 小红书使用教程类视频种草笔记

（3）效果对比类：通过对比使用前后的效果展示产品的实际效果和改变，常用于美妆、护肤、减肥等领域，如使用面膜前后的肌肤状态对比。

（4）开箱评测类：记录用户收到产品后的开箱过程，分享第一时间的感受和评价，其主要强调产品的包装、赠品、初步使用感受等，增加用户对产品的好奇心和期待感。

（5）情景剧/剧情类：通过构建特定的使用场景或故事情节来展示产品，将产品融入日常生活或特定情境中，这种方式富有创意和趣味性，能够吸引用户的注意力并留下深刻印象。

（6）KOL/网红推荐类：邀请知名KOL或网红进行产品推荐，利用其影响力和粉丝基础吸引更多关注。KOL会分享自己的使用体验、心得和推荐理由，增强产品的可信度和吸引力。

（7）评测对比类：将多个同类产品进行评测对比，分析它们的优缺点和适用场景，为用户提供全面的购买参考，增加用户对产品的了解和信任。

第 11 章

AI赋能运营者：小红书多领域扩展、多方式变现

在当下，AI正悄然重塑运营生态，小红书作为内容社区的佼佼者，率先探索AI赋能新路径。通过AI技术，小红书不仅实现了多领域的蓬勃扩展，为用户提供了更加个性化、多元化的内容盛宴，更是解锁了多样化的变现模式，让运营者能够灵活转化创意价值，实现内容与商业的双赢。

11.1 9个AI小红书新赛道

在探索小红书这一充满活力的社交平台时不难发现，AI技术的介入正为内容创作和用户体验带来前所未有的变革。从虚拟形象的塑造到个性化的设计，再到日常生活的各个方面，AI正以其独特的方式开辟出一系列全新的赛道。本节将带领读者探索9个AI小红书新赛道，看它们如何在各自的领域中引领潮流，激发创意的火花。

11.1.1 AI头像赛道

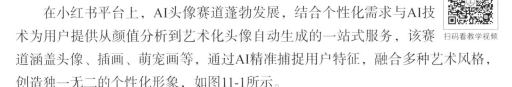

在小红书平台上，AI头像赛道蓬勃发展，结合个性化需求与AI技术为用户提供从颜值分析到艺术化头像自动生成的一站式服务，该赛道涵盖头像、插画、萌宠画等，通过AI精准捕捉用户特征，融合多种艺术风格，创造独一无二的个性化形象，如图11-1所示。

扫码看教学视频

图 11-1 用 AI 生成的个性化头像示例

同时，设立粉丝投稿专区，鼓励用户分享创作与经验，促进社区互动与成长。AI头像赛道不仅简化了头像制作过程，更为小红书平台增添了创新活力与个性化元素。

11.1.2 AI设计赛道

AI设计赛道正以前所未有的速度引领着设计领域的创新潮流，它不仅涵盖了AI手账贴纸的个性化定制，还通过优化设计案例、提供详

扫码看教学视频

尽的设计教程以及实现AI调色的精准化与AI绘画的艺术化，极大地丰富了设计创作的可能性。图11-2所示为美图设计室的设计模板示例。

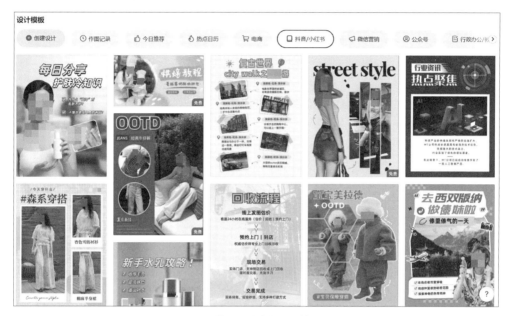

图 11-2　美图设计室的设计模板示例

AI技术的融入不仅为运营者提供了强大的创意支持，还显著提升了设计效率，使得设计作品更加贴近市场需求，充满吸引力。同时，这些技术的应用也降低了设计创作的门槛，使得更多人能够参与到设计过程中来，共同推动设计行业的多元化、普及化以及艺术化的发展。

11.1.3　AI家居赛道

AI家居赛道正日益成为家居领域的新风尚，它不仅将家居好物、装饰美学、个性化设计与建筑智慧巧妙融合，更是通过前沿的AI技术为用户打造了一个集创意、便捷和个性化于一体的家居设计新平台。在这个平台上，用户不仅能够享受到前所未有的设计自由度，还能通过AI的智能推荐系统轻松发现与自己品位相契合的家居好物，让家居生活更加精致与舒适。

扫码看教学视频

另外，小红书作为AI家居赛道的先锋者，还积极构建了一个充满活力的家居社区，如图11-3所示，鼓励用户分享自己的设计心得、装修经验以及建筑美学感悟。这种开放式的交流氛围不仅促进了用户之间的创意碰撞与灵感激发，也为整个家居行业带来了更多的创新思路与市场机遇。

图 11-3　小红书家居社区

11.1.4　AI摄影赛道

　　AI摄影赛道成为小红书上的新兴热点，它将尖端AI技术巧妙融入摄影领域，为摄影爱好者们带来前所未有的创作体验，不仅展示了AI辅助下的独特摄影作品，还传授了AI与摄影结合的高级技巧，让每个人都能轻松掌握图像处理的艺术。

扫码看教学视频

　　通过AI提供的效果滤镜和作图攻略，摄影运营者能够轻松创作出精美、专业的照片，如图11-4所示，无论是光线调整、色彩优化还是复杂效果模拟，都变得轻而易举。这一变革不仅降低了摄影后期的技术门槛，更是激发了广大运营者的创意潜能，推动摄影艺术向着更加智能化、个性化的方向迈进。

图 11-4　AI 摄影作品

11.1.5　AI穿搭赛道

AI穿搭赛道正逐步成为时尚界的新宠，它利用前沿的图像识别技术和深度风格分析算法为小红书用户量身定制每日穿搭方案。无论是追求日常休闲风还是正式商务装，AI都能根据用户的喜好、场合需求及身材特点提供精准的穿搭建议和搭配推荐，如图11-5所示。通过场景化穿搭指导，用户能轻松应对不同场合的着装需求，展现得体与魅力。

图 11-5　小红书穿搭推荐

另外，AI还能针对不同身材类型提供专属穿搭策略，确保每个人都能扬长避短，尽显个性风采。这一赛道不仅让时尚触手可及，更是让每个人都能成为自己穿搭风格的主宰。

11.1.6　AI美妆赛道

AI美妆赛道正引领着美妆行业的新风尚，其应用在小红书平台上尤为显著。从基础的化妆教程到进阶的化妆技巧，AI能够智能分析用户的肤质、肤色及面部特征，推荐最适合的妆容风格和上妆步骤，相关案例如下。

提示词

肤质：混油；肤色：黄色；面部特征：单眼皮、圆脸
请根据上述特征，给我推荐一个合适的妆容，并附上美妆教程

文心一言

针对您的肤质（混油）、肤色（黄色）及面部特征（单眼皮、圆脸），我为您推荐一款清新自然的日常妆容，旨在平衡油光，提亮肤色，并巧妙修饰单眼皮和圆脸，让您看起来更加精神焕发。

妆容推荐：清新裸妆

美妆教程：

1.妆前准备：

使用控油型妆前乳轻拍于T区及易出油部位，帮助后续妆容更持久。

全脸涂抹保湿型妆前乳或面霜，确保肌肤水润不干燥。

2.底妆：

选择与肤色相近的轻薄粉底液，用粉扑或粉底刷均匀上妆，注意少量多次叠加，避免厚重感。

在眼下、鼻翼两侧等暗沉处使用遮瑕膏进行局部遮盖。

使用散粉或定妆喷雾定妆，特别是T区，以减少油光。

3.眼妆：

眼影：选择大地色系眼影，如浅棕色打底，深棕色加深眼窝及眼尾，营造深邃感。

晕染，避免过宽或过重。

眼线：使用细笔头眼线笔填补睫毛根部，可适当拉长眼尾，但不要过粗，以免显得眼睛更小。内眼线同样重要，能让眼睛更有神。

睫毛：夹翘睫毛后，刷上纤长型睫毛膏，避免浓密型，以免显得眼睛更圆。

眉毛：自然眉形为佳，用眉笔或眉粉填补空隙，注意与发色协调。

……（略）

更有趣的是，AI还能实现仿妆系列功能，让用户轻松尝试并复刻明星或网红同款妆容，满足用户对于美丽多样化的追求。这种智能化的美妆服务不仅提升了用户的化妆技能，更让每个人都能轻松展现自己独特的美丽风采。

11.1.7 AI美甲赛道

扫码看教学视频

AI美甲赛道正引领着个性化美容潮流的新方向，聚焦于AI美甲款式推荐与AI艺术设计两大核心领域。这一创新技术利用先进的机器学习算法与深度学习模型为小红书等社交平台上的用户带来前所未有的美甲

体验。

用户只需通过手机应用，即可享受虚拟美甲试色服务，实时预览各种潮流或定制化的指甲颜色与款式，轻松筛选出最适合自己肤色、服饰及场合的美甲方案。

同时，AI艺术设计功能更是将美甲艺术推向了新的高度，它能够根据用户的偏好、风格乃至情绪自动生成独一无二的艺术化指甲图案，如图11-6所示，从简约线条到繁复图案，从自然元素到未来科技风，应有尽有。

图 11-6　AI 生成的个性化美甲

这种高度个性化的设计服务不仅满足了用户对于美的追求，还极大地激发了用户的创造力和想象力，让每个人都能成为自己美甲作品的艺术家。

11.1.8　AI有声漫画赛道

AI有声漫画赛道正引领着数字娱乐的新风尚，它巧妙融合了尖端AI技术与传统漫画艺术。在这一赛道上，用户只需简单地将小说文字输入AI系统，该系统便能智能分析文本内容，快速生成一系列生动、精彩的画面，如图11-7所示，这些画面不仅精准捕捉了故事的情感与细节，还展现了丰富的想象力和创造力。

随后，通过专业的剪辑技术和精心挑选的配音演员，这些静态画面被赋予了声音与节奏，转化为引人入胜的有声漫画作品。

扫码看教学视频

图 11-7　AI 生成的有声漫画图片效果

小红书平台作为这一创新内容的展示窗口，为用户提供了前所未有的沉浸式阅读体验。用户不仅能够"看"到漫画，更能"听"到故事，这种视听结合的方式极大地丰富了阅读的层次感和趣味性，让用户在享受视觉盛宴的同时也能感受到声音的魅力和情感的共鸣，从而全面提升阅读体验的多样性和深度。

11.1.9　AI社会热点赛道

扫码看教学视频

AI社会热点赛道是科技与媒体融合的又一前沿阵地，专注于利用人工智能技术将瞬息万变的热点新闻画面转化为富有创意与深度的插画作品。这一方向不仅展现了AI在图像处理领域的卓越能力，还赋予了新闻内容以全新的艺术表现形式。

运营者通过AI技术能够迅速捕捉并分析社会热点话题和舆论动态，精准推送相关插画内容，引导用户以更加直观、生动的方式了解并参与到社会话题的讨论中来。这种创新方式不仅丰富了用户的阅读体验，还促进了信息的多元化传播与深度思考，让社会热点讨论更加生动、有趣且富有启发性。

11.2　6种AI小红书热门变现方式

在小红书这个内容创作与分享的平台上，AI技术的应用不仅丰富了用户的体验，也为运营者开辟了多样化的变现途径。从AI治愈Vlog到AI电商，每一种方式都以其独特的魅力吸引着不同的目标用户群体。本节将逐一深入了解这6种AI小红书热门变现方式，探索它们如何为运营者打开新的商业可能。

11.2.1　AI治愈Vlog变现

扫码看教学视频

小红书作为一个以女性用户为主的社交平台，治愈性的图片和视频内容一直备受人们青睐，这些内容以其温馨、轻松的风格满足了用户对于情感共鸣和心灵慰藉的需求。AI制作的漫画视频通过将日常生活场景转化为卡通动画，不仅为用户带来了视觉上的享受，更以其舒缓的节奏和氛围提供了一种情绪价值。

最近，一种用AI技术制作的独居女生主题的漫画视频（如图11-8所示）在小红书上迅速走红，短短一周内便吸引了超过2000名新粉丝。这一成功案例不仅证明了AI在内容创作上的潜力，也为其他运营者提供了宝贵的参考。

图 11-8　小红书独居女生主题的漫画视频

另外，这些视频通常时长适中，避免了用户因视频过长失去兴趣，从而有效提高了视频的完播率。这不仅增强了作品的吸引力，也有助于作品在平台上获得更多的流量和曝光机会。对于有志于在小红书上发展的运营者来说，这种结合AI技术与情感共鸣的视频创作方式无疑是一个值得尝试和学习的策略。

11.2.2　AI绘画项目变现

AI绘画项目的变现策略丰富多样。例如，运营者不仅能够发布AI画作吸引流量，通过广告和品牌合作变现，还可以开设付费课程与培训，分享AI绘画技巧，如图11-9所示，吸引对此感兴趣的学习者。

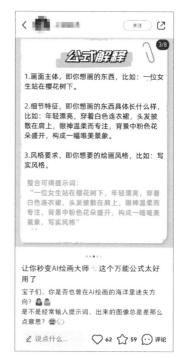

图 11-9　小红书 AI 绘画提示词技巧分享示例

运营者可以直接销售AI生成的图片或设计素材，通过小红书平台吸引目标客户，同时提供设计服务，如海报、Logo（Logotype，商标）等定制，利用AI提高效率与创意。

另外，运营者不仅可以将AI艺术融入实物产品，如定制鼠标垫、T恤等，通过电商平台销售，也可以提供定制服务，满足企业客户或个人用户的个性化需求。

这些多元化的变现方式，结合持续的创新与市场探索，为AI绘画项目带来稳定的收入来源。

11.2.3　AI美女博主变现

运营者可以通过AI技术生成一幅写实风格的人物美女图，然后围绕这位虚拟人物打造一系列不同场景的组图，这些图片可以通过小红书平台发布，形成独特的视觉叙事，吸引用户关注并增加粉丝互动，如图11-10所示。

图 11-10 小红书 AI 美女博主账号示例

首先，选择高质量的AI绘画工具，如Midjourney或Stable Diffusion，输入详细的描述指令，生成具有吸引力的美女图像；接着，利用这些图像创作出一系列具有连贯主题或故事的组图，例如日常生活、特定职业场景或旅行游玩等。

值得注意的是，运营者需要精心设计每张图片的构图和色彩，使其在视觉上足够吸引人，提高用户的点击和浏览意愿。另外，可以结合小红书的热门话题或趋势，例如与"安全感"相关的内容，来提高内容的时效性和相关性。

在发布过程中保持一定的更新频率，利用小红书的社区互动特性，积极与粉丝进行互动，增强粉丝黏性。最终，通过这些AI生成的美女组图，运营者不仅能在小红书上吸引粉丝，还能探索多种变现途径，如广告合作、品牌代言、周边产品销售等，实现商业价值的多元化。

11.2.4 AI儿童睡前故事变现

随着人工智能技术的不断发展，越来越多的教育类运营者认识到

扫码看教学视频

了AI在教育领域的潜力，尤其是在儿童早期教育领域的应用。小红书平台上涌现出很多用AI做儿童睡前故事的账号，每个账号的数据都很不错。

AI小红书儿童睡前故事其实是一种利用人工智能技术创作并发布在小红书平台上的内容形式，主要针对儿童睡前时段，提供有趣且富有教育意义的故事，相关案例如下。

📷 提示词

你是儿童绘本专家，请帮我生成一个学会勇敢的睡前故事，故事的长度大约3分钟，故事的主角是一只叫青青的小兔子，并将兔子拟人化

🔷 文心一言

在一个被温柔月光轻抚的森林里，住着一只名叫青青的小兔子。青青有着雪白雪白的毛，眼睛像两颗闪闪发光的红宝石，她非常可爱，但有点胆小，遇到一点点小困难就想要躲起来。

有一天晚上，森林里要举行一场盛大的月光舞会，所有的小动物都收到了邀请，青青也不例外。可是，当她想到要穿过那片据说晚上会有"奇怪声音"的幽暗小树林去参加舞会时，心里就直打鼓。

"妈妈，我...我害怕。"青青鼓起勇气，但还是有些颤抖地对兔妈妈说。

兔妈妈温柔地摸了摸青青的头，说："青青，勇敢不是不感到害怕，而是即使害怕也选择去面对。森林里没有什么真正可怕的东西，只有我们未知的想象。而且，记得吗？你有很多朋友，他们会和你一起的。"

……（略）

随着粉丝数量的增长，运营者可以通过与品牌商家合作，发布与儿童教育和母婴产品相关的广告，从而获得广告收入，还可以提供会员制或付费专栏，让用户为观看或阅读更多高质量、有教育意义的故事内容付费。

另外，运营者还可以开发与故事相关的实体绘本、玩具或教育产品，通过电商平台或私域流量进行销售。

11.2.5　AI丑萌黏土变现

扫码看教学视频

AI丑萌黏土风格在社交媒体上迅速崛起，成为一种新颖且受人们欢迎的表达方式。这一趋势依托于AI技术，通过图像处理软件和滤镜将真实照片转化为独特的黏土动画风格，原图与效果对比如图11-11所示，赋予图像以丑萌、有趣的视觉效果。在小红书平台上，AI丑萌黏土作品广受人们欢

迎，吸引了大量年轻用户的关注与参与，满足了人们在忙碌生活中追求轻松、愉悦的心理需求。

对于运营者而言，AI丑萌黏土风格不仅是一种创作乐趣，也蕴藏着变现的潜力。他们可以通过创作并分享独特的丑萌黏土内容在小红书上积累粉丝基础，进而通过广告合作、品牌代言等方式实现变现。

图 11-11　原图与效果对比展示

另外，一些运营者还提供付费定制服务，如定制个人黏土风格头像、表情包等，以满足用户的个性化需求，并获取相应的报酬。在商业合作领域，AI丑萌黏土风格同样具有吸引力，品牌方可能寻求与运营者合作，将这一风格应用于产品推广和广告宣传中，从而进一步拓宽变现渠道。

11.2.6　AI电商变现

AI电商通过多种途径实现创新盈利。AI算法的个性化推荐提升了购物体验和转化率；智能客服和聊天机器人提供全天候服务，从而降低了人力成本。AI驱动的内容创作和营销提高了营销的效率和质量。

扫码看教学视频

同时，智能供应链优化了库存管理，精准的广告投放降低了成本，而AI定价策略增强了市场竞争力。商品筛选和上架过程的自动化提升了运营效率，AI电商数据分析为运营者提供了决策支持，并洞察了市场趋势。

这些策略共同推动了电商行业的智能化发展，帮助运营者实现了更高效、更精准的运营和变现。